ダウンロード版

アセスの使い方・活かし方

学級全体と児童生徒個人のアセスメントソフト

栗原慎二・井上　弥　編著

自分のパソコンで
結果がすぐわかる

はじめに
アセス開発までの経緯

いじめ・不登校は，相変わらず，学校教育の大きな課題です。この問題に取り組むため，平成19，20年度，広島市教育委員会と広島大学大学院教育学研究科，そして市内の小中学校10校が協力して「いじめ・不登校等予防的生徒指導」の実践プログラムを推進してきました。

この取組の直接的な目的はいじめ・不登校を減少させることですが，私たちは，いじめ・不登校自体を直接のターゲットにするのではなく，子どもの対人関係能力を育成し，学校環境への適応を促進することで，結果として，いじめ・不登校を減少させようと考えました。

この２年間にわたる実践では，小学校６校における24人の不登校児童が９人に（62.5％減少），中学校４校では64人から55人に（14.0％減少）なりました。中学校では必ずしも期待どおりにはいかない面がありましたが，それでも大きく数を減らした中学校もありましたし，小学校ではかなりはっきりとした効果が認められました。また，不登校が減少しなかった学校でもチーム支援が機能し始めたり，10校すべてで児童生徒の侵害感が改善するなどの効果が上がりました。その概要は，『児童・生徒のための学校環境適応ガイドブック――学校適応の理論と実践』（協同出版）にまとめ，紹介してあります。本書でも，ごく簡単にですが，その際のアプローチについて５章でご紹介しています。

ところで，実践するにあたっては，児童生徒の学校環境への適応の実態を把握するとともに，その変化も的確にとらえる必要があります。後述しますが，学校環境への適応は多面的なものですので，当然多面的にとらえる尺度が必要なのですが，既存の尺度では私たちの考える学校環境適応を測定できるものがありませんでした。また利用が可能なものでも，多数の児童生徒を対象に数回にわたって実施するとなると高額の費用がかかるため断念せざるをえない状況がありました。とりわけ，この取組は平成22年度以降は市内204小中学校全部で取り組むこととなっていたため，どうしても費用のかからない尺度が必要でした。

そこで，私たちは，小中学生の「学校適応感」を総合的に測定する尺度を開発することにしました。開発にあたっては広島市内をはじめ，全国の小中学校の先生方にご協力いただきました。そのおかげもあって小学校３年生から中学校３年生までの学校適応感尺度アセス（ASSESS : Adaptation Scale for School Environments on Six Spheres　＊厳密に表記する必要がある場合や英語との対応を示す必要がある場合は「学校環境適応感尺度」という文言を用いますが,「学校適応感」という言葉が一般的に使用されているので,本書でも「学校適応感尺度」という表記を使用します。）が完成しました。完成したアセスは先掲書にCD化して付録としてつけました。

さて，このようにして「小中学生版アセス」は生まれたのですが，実は開発の途中から「高校生版をつくってくれないか」という依頼がありました。先掲書の出版後はそのような声が直接メールで届くことも増えてきました。中には「高校生にアセスを使ってみたのだけれど，結果は信用できるか」といった質問も少なからず届くようになりました。私たちもその声に応える必要を感じるようになり，今回，小学校３年生から高校３年生まで使える本書の「改訂版アセス」の開発となったわけです。

アセスの開発には数万人の子どもたちとその先生方にご協力いただきました。特に今回の改訂に当たっては，高校の先生方に無理を言ってご協力いただきました。なかには本当にご苦労をされてデータをとってくださった方もいらっしゃいましたし，「お役に立てば」といってデータを提供してくださった先生方もいらっしゃいました。そのような仲間が全国にいることを心からうれしく思います。ここに記して感謝申し上げます。

今後，この尺度を用いて子どもたちの学校適応支援を進めていただければ，私たちとしても大変うれしく思います。また，さらに正確で有用性の高い尺度に育てていきたいという思いもあります。そのためにはより多くのデータが必要になります。いつかご協力を仰ぐときもあるかもしれません。そのときにはよろしくお願いいたします。

このアセスの開発に携わったメンバーは，以下のとおりです。当時は全員広島大学の教員や博士課程の学生でしたが，数年を経て所属が変わったメンバーもいます。ここでは本書の初版時の所属を書いておきます。

青木多寿子（広島大学大学院教育学研究科）　石井　眞治（広島大学大学院教育学研究科）
井上　弥　（広島大学大学院教育学研究科）　沖林　洋平（山口大学教育学部）
栗原　慎二（広島大学大学院教育学研究科）　神山　貴弥（同志社大学心理学部）
林　　孝　（広島大学大学院教育学研究科）　山内　規嗣（広島大学大学院教育学研究科）
米沢　崇　（奈良教育大学教育学部）　山田　洋平（福岡教育大学）

なお，開発にあたっては，私たちと広島大学や岡山大学などの学生たち（たとえば中山真美さん，藤原綾子さん，中上佳子さん，野口泰紀さん，竹嶋飛鳥さん，戸田真弓さん，高橋哲也さん）とで積み重ねてきた研究が下地になっています。さらに，名前は出しませんが，多くの学生たちがデータの入力や分析を手伝ってくれました。このことも記して感謝を述べたいと思います。

アセス（学校全体と児童生徒個人のアセスメントソフト）の使い方・活かし方

contents

………… 1章

アセスとは

1 適応と適応感

本書は，学校適応感尺度アセス（ASSESS：Adaptation Scale for School Environments on Six Spheres）の解説を中心としたものです。

このアセスで測定しているのは，「適応」ではなく「適応感」です。この両者はどのような関係にあるのかということから説明を始めましょう。

まず適応とは，個人と環境との相互作用や関係を表す概念で，「個人と環境の調和」として定義づけられます（詳細は付章を参照）。『広辞苑』第５版では，「その状況によくかなうこと。ふさわしいこと。あてはまること」と書かれています。一方，適応感は「個人と環境との主観的な関係」のことで，個人の適応の一指標です。「適応感が低い」ことは，わかりやすく言えば，本人がSOSを発信しているということです。

この意味では，個人の主観である適応感は，適応と一致しないこともありえます。たとえば，ある課題をもった児童に対して，クラスメートは善意でいろいろと世話を焼いたりアドバイスをしたりしていても，本人がそれを「僕をバカにしている」と受け取っている場合，「適応感」は低くなります。逆にクラスメートがからかって「さすがだね～」と皮肉を言っているのに，それを真に受けている児童の「適応感」は高くなるでしょう。また，前者の場合，教師の観察では「問題なし」となるかもしれませんが，本人はSOSの状態にあるかもしれません。後者の場合は，教師の観察では「問題あり」ですが，本人は苦痛を感じていません。

このように考えると，子どもを支援する際には，教師の観察や客観的なデータから得られる指標に加えて，「本人が感じているSOSの度合い」を十分に考慮する必要があります。人は膝ぐらいの深さしかないところで溺れることがあると言います。危機とは，客観的な観点と主観的な観点を統合して理解すべきなのです。

本書で対象としているのが「適応感」である理由は，このSOSの度合いを測り，先生方の観察やその他のデータと照らし合わせることで，より的確な支援を構築していただきたいからです。

2 学校での適応と学校以外の場での適応

学校適応感というと，「学校」にかかわる「適応感」ですから，たとえば勉強とか，先生との関係とか，そういった学校に関係するいろいろな場面での適応感を調べる必要があります。しかし，それだけでは十分ではありません。それは適応感には，学校以外の場面での適応状態が大きな影響を及ぼすからです。たとえば，スポーツ少年団で活躍し，評価を得れば，学校での適応状態にも少なからぬ影響があるでしょう。

このような場としては，塾や地域の遊び仲間集団など，いろいろ考えられます。その中で最も影響が強いと思われるのは家庭です。家庭での体罰を伴うような非常に厳しいしつけ，連日の塾通いのような過度な学習の要求，あるいは両親の不和や離婚といった問題に直面している子どもは，学校での適応感もかなり低くなることが予想されます。虐待はその典型です。

これをつかむには，学校以外の場面での，場面ごと，あるいは領域ごとの適応感をつかむことが重要になります。しかし，子どもによって所属集団は違いますから，なかなか調べにくいものです。また，特に家庭での様子を子どもに聞くことは，プライバシーの問題や子どもが表現を躊躇するといった問題がありますから，実際には困難です。そのため，従来の学校適応に関する尺度では，これについてはほとんど触れられていませんでした。しかし，「児童生徒の適応にかかわる問題の発見と支援」という視点からは，この学校以外の場面での適応をつかむことはきわめて重要です。

そこでアセスでは，学校での適応感と学校以外での適応感の両方を反映した全体的な適応感を「生活満足感」という因子で測定することにしました。これにはメリットがあります。たとえば，「アセスを構成する６因子のうち『生活満足感』を除く他の５因子の得点は高いのに，『生活満足感』の得点が低い」場合，他の５因子は主に学校での適応感を測定していますので，それがすべて高いのに「生活満足感」が低いとすれば，学校以外での適応感が低い可能性が高いと言えるでしょう。このようにアセスでは，完全ではありませんが，ある程度，「学校以外の場での適応」についても推測できるようにつくられています。

なお，「因子」というと少々専門的な言葉になりますので聞き慣れない表現かもしれません。アセスでは学校適応感を６つの側面から測定しています。この６つの側面のそれぞれを「因子」と言います。ここでは，「学校適応感を分解していったとき，６つに分かれる。その１つ１つを因子と言う」ととらえてください。ですので，「学校適応感は６因子によって構成されている」ということになります。

この「生活満足感」因子は全体的適応感を測定していますので，他の５つの因子（たとえば「学習的適応」や「教師サポート」）よりも重要です。どういうことかというと，たとえば「学習的適応」因子得点が低くても，「生活満足感」因子得点が高ければ，「勉強はうまくいっていないけれど，毎日は楽しく過ごしている」ことを意味しています。つまりSOSの領域は学習領域に限定されていると言ってもよいでしょう。しかし，その逆の場合，たとえば「教師サポート」や「学習的適応」因子得点は高いのに「生活満足感」因子得点が低いような場合は，「勉強はうまくいっているし，先生もサポートしてくれていることはわかっている。でも毎日しんどい」ということになります。このSOSは深刻です。ですので，「生活満足感」因子は他の５因子よりも重要であるということを押さえてください。

たとえば「生活満足感」因子得点だけが低い場合，他の５因子は良好なわけですから，「生活満足感」因子得点の低さは家庭等での適応上の問題を反映している可能性が高いことになります。ただ，「生活満足感」因子得点が低い児童生徒すべてが，家庭等の「学校以外の場での適応感」が低いわけではありません。他の５つの因子得点の低さの影響を受けて，「生活満足感」が低くなっている可能性も十分あるからです。

いずれにせよ，アセスで測定している６因子のうちで最も重要なのが「生活満足感」因子です。そこには家庭等での適応上の課題が反映している可能性もあります。この得点が低い児童生徒については，丁寧な観察をしたり，個別の面接をするなど，早急な手当てが必要になります。

3 アセスの構造

アセスの理論的な背景や開発のプロセスについては付章の説明にゆずりますが，アセスの開発に当たっては，従来から適応に関係すると考えられてきた諸側面について調査し，調査項目の構造を検討し，次の６つの側面から学校適応感をとらえています。

① **生活満足感**…生活全体に対して満足や楽しさを感じている程度で，総合的な適応感を示します。

② **教師サポート**…担任（教師）の支援があるとか，認められているなど，担任（教師）との関係が良好であると感じている程度を示します。

③ **友人サポート**…友だちからの支援があるとか，認められているなど，友人関係が良好だと感じている程度を示します。

④ **向社会的スキル**…友だちへの援助や友だちとの関係をつくるスキルをもっていると感じている程度を示します。

⑤ **非侵害的関係**…無視やいじわるなど，拒否的・否定的な友だち関係がないと感じている程度を示します。

なお，②～⑤が「対人的適応」を構成しています。

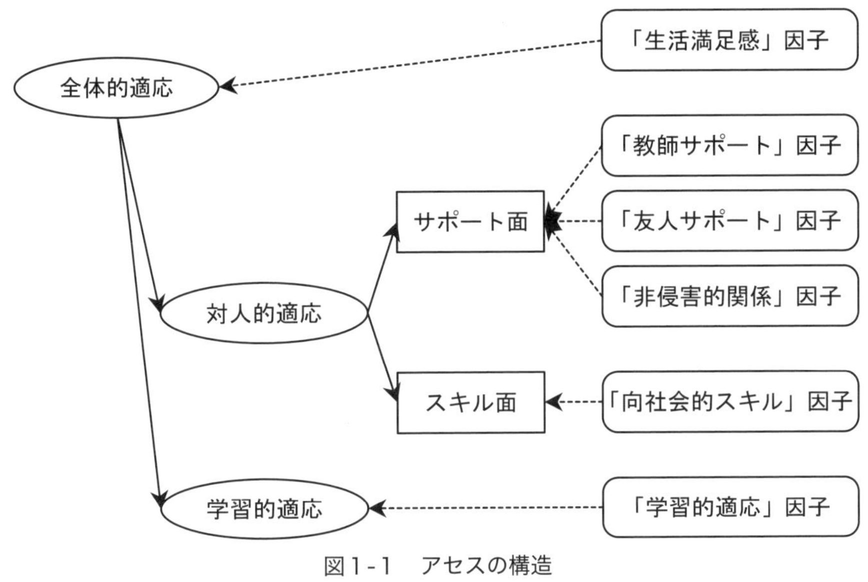

図1-1　アセスの構造

⑥ **学習的適応**…学習の方法もわかり，意欲も高いなど，学習が良好だと感じている程度を示します。

アセスのこの6因子には，図1-1に示したような構造が想定されます。

「全体的適応」は，総合的な適応感である「生活満足感」因子によってとらえられると考えられます。また，「対人的適応」と「学習的適応」を総合したものとして位置づけられます。「生活満足感」因子以外は，ほとんど学校環境に限定されたものとみなすことができますが，「生活満足感」因子は全般的な適応感であるため，学校環境以外の要因も含まれていると考えられます。

「対人的適応」は，「サポート面」と「スキル面」から成り立っています。「サポート面」は，「教師サポート」因子と「友人サポート」因子というポジティブな対人関係の因子と，「非侵害的関係」因子という侵害的な対人関係のなさを示すネガティブな因子で測定できると考えられます。また，「スキル面」は，「向社会的スキル」因子で測定できると考えられます。

「学習的適応」は，「学習的適応」因子でとらえることができると考えられます。

4 アセスの6因子間の相関から言えること

アセスの6因子間の相関について検討し，分析の結果から比較的高い相関だけを拾い，それぞれの因子の関係を図示したものが図1-2です。双方向矢印が，高い相関があることを示しています。なお，「因果」の場合は，どちらかが原因でどちらかが結果という方向性をもつことになりますが，「相関」の場合は，そのような方向性を想定していないので，相互に影響しているととらえてください。

図1-2を見ると，「生活満足感」因子は，他のすべての因子と高い相関をもってい

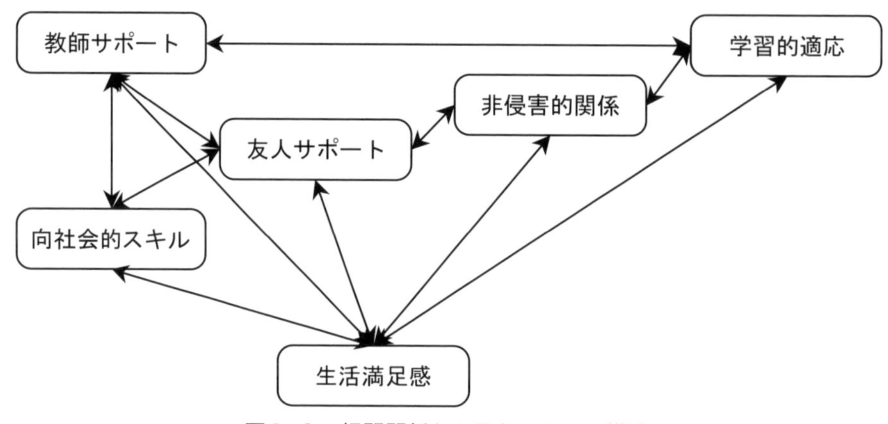

図1-2　相関関係から見たアセスの構造

ます。つまり「生活満足感」以外のどの因子得点が高くなっても「生活満足感」は改善するし，逆に「生活満足感」が改善すれば，それは多方面によい影響をもたらす可能性が高いということです。なお，「生活満足感」因子は他の５因子すべてと相関がありますので，以下の検討では「生活満足感」因子を省いて話を進めることとします。

「教師サポート」因子，「友人サポート」因子，「向社会的スキル」因子は，相互に相関が高くなっていました。これはたとえば「向社会的スキル」が高い児童生徒は，「教師サポート」や「友人サポート」を引き出しやすいということを示唆しています。

「非侵害的関係」因子は，「友人サポート」因子とは高い相関をもっていますが，「教師サポート」因子や「向社会的スキル」因子とはそれほど高い相関はなく，むしろ「学習的適応」因子と高い相関を示していました。これはたとえば，「教師がサポートしても，侵害されている子どもの適応感の改善には必ずしもつながらないこと」「向社会的スキルがあっても，いじめられることは十分ありえること」「いじめられている子どもは，勉強どころではなく，学習適応が下がる可能性が高いこと」「勉強ができない子どもは，いじめられる可能性が高いこと」などを示唆しています。また，同様に，「友人サポートが侵害感を改善すること」をも示唆しています。

「学習的適応」因子は，「非侵害的関係」因子と「教師サポート」と関連していました。「教師サポート」が重要であることは当然と言えば当然なのですが，重要なのは，「非侵害的関係」因子が「学習的適応」に強い影響を与えるという点です。これは，今述べたように，「いじめられている子どもは，勉強どころではなく，学習適応が下がる可能性が高いこと」「勉強ができない子どもは，いじめられる可能性が高いこと」などを示唆しています。つまり，「安心で安全な教室環境・学校環境」をつくることが，「学習的適応」を促進する上できわめて重要であるということです。

5 「学習的適応」を支えるもの

実はこの「学習的適応」因子について，興味深いことがありました。

年度当初は，図1-2にあるように，「学習的適応」因子と「教師サポート」因子との間に高い相関が認められるのですが，年度の後半，この相関を示す数値が下がって高い相関とは言えなくなってしまうのです。つまり年度の後半になると，図1-2の一番上にある双方向矢印は消えてしまい，「学習的適応」因子と高い相関をもつのは「非侵害的関係」因子（と「生活満足感」因子）のみになるのです。ということは，3学期頃になると，教師がサポートしても子どもの「学習的適応」はさほど改善しないということになります。

また，この「教師サポート」と「学習的適応」の相関は，学年が上がるほど薄くなります。つまり学年が上がるほど，「学習的適応」を促進する上での教師による直接的なサポートの効果は薄くなるということです。

さらにもう1つ，「生活満足感」と「学習的適応」も学年は後にずれますが，同じ傾向でした。これは学年が上がるほど，子どもたちにとって「学習的適応」自体の重要性が薄れてくるということを意味していると思われます。

では「学習的適応」を改善するには，どうすればいいのでしょうか。「学習的適応」因子と相関が高いのは「非侵害的関係」因子ですから，これが改善すれば「学習的適応」は改善することになります。しかし，残念なことに「非侵害的関係」因子と「教師サポート」因子は相関がありませんので，子どもの感じている侵害感を教師サポートによって直接的に改善することは困難です。

ではどうすればいいのでしょうか。図1-2をよくご覧ください。「教師サポート」と相関があるのは「向社会的スキル」因子と「友人サポート」因子です。この「友人サポート」因子が，「非侵害的関係」因子を媒介して「学習的適応」因子に影響を与えているわけです。つまり，教師は，「子どもの向社会的スキルを伸ばし，友人が相互にサポートし合うような関係を構築するような取組をすること」を通じて侵害的な関係を改善し，「学習的適応」を改善することが可能になると考えられます。

図1-2の矢印は，一方が他方に影響するという因果関係を示すものではありませんし，「適応感」ですから，実際のサポートの有無ではなく，子どもがどう受け取っているかを反映しています。ですから，実際に学習的適応を促進するには，やはり教師のサポートが有効であることはおそらく間違いはないでしょう。しかし，学校適応感の因子分析の結果からは，児童生徒の感じている「学習的適応」感の改善のためには，学習に関する教師の直接的なサポートとともに，対人関係を媒介とした教師サポートが――とりわけ学年が上がるほど――重要であることを示唆しているのです。

6 アセスの特徴――開発に当たって目指したもの

最後に，一部繰り返しになりますが，アセスの特徴を整理します。

アセスの特徴の第1は，「本人の主観的な適応感，とりわけSOSのサインを出している子のピックアップに敏感である」ことです。人は膝ぐらいの深さしかないところで溺れることがあると書きました。これは「危機とは，客観的な観点と主観的な観点を統合して理解すべきものである」ということを示唆しています。そこでアセスでは，本人の主観的な「うまくやっていると感じている程度」を重視することにしました。

第2に，「子どもの適応感の全体を，包括的かつ多面的に判断できる尺度」を目指したことです。というのも，子どもの学校適応は，多様な要因の影響を受けるわけですから，その要因の一部分だけを取り出して測定しても，全体はわかりません。そこで全体的適応感を「生活満足感」因子で，限られた領域での適応感を他の5因子で測定し，適応感を包括的に見ると同時に，多面的にも見ることができるようにすることで，支援を組む際のポイントがわかりやすくなるようにしました。

第3に，「家庭のことを聞かずに，学校以外の場での適応状態を推測できる尺度」にしたことです。教師は「ひょっとして家庭で何かあるのかな」と思っても，なかなか家庭のことには触れにくいものです。アセスは，「生活満足感」因子の得点によって家庭等の学校外での様子をある程度推測できるようにつくられています。こうした尺度は，これまであまり開発されていないのではないかと思われます。

第4に，たとえば「担任の先生は，困ったときに助けてくれる」といった項目で，担任との関係を直接的に聞いたことです。実は，こうした項目を入れると，先生方は「自分が評価されているようだ」と感じるでしょうし，当然心理的な抵抗が生じることが予想されるわけで，こうした項目を入れるかどうかずいぶん迷いました。しかし，ほとんどの先生方は，一生懸命子どもとかかわっておられます。だとすれば，「担任の先生は，困ったときに助けてくれる」のは前提として，むしろそのかかわりを子どもがどう受け止めているか，つまり，それがうまく子どもに届いているか，空回りしていないかを確認し，より的確な支援の手がかりにしたほうがよいという結論に至りました。結果を子どもとのかかわりを見直すきっかけにしてほしいということです。ただし，高校生版の質問紙では「担任の先生は…」という質問文が「この学校の先生は…」という質問文に変更になっています。これは発達段階的に高校生年齢では学級担任の位置づけが小中学生とは変わっていくため，検討の結果，変更を加えました。

第5に，高校生版はわずかに文言が異なっていますが，基本的には，小学生，中学生，高校生を，同じ尺度で測定していることです。これは今後，小中連携などをしていくときに，データを共有できるようにすることで一貫した支援が可能になると考えたからです。近年，公立学校でも小中一貫校や中高一貫校が設置されるようになってきていますが，そうした学校では特に活用しやすいのではないかと考えています。

なお，アセスの開発は，学問的に厳密な手続きを経て行われましたが，本書ではその性質上，すべてを掲載する余裕はありませんので省いてあります。ただ，私たちの考えた学校適応に対する考え方と「小中学生版アセス」の開発については付章に掲載しましたのでご覧ください。高校生版につきましては，これに準じた形で開発したことを申し添えておきます。

………2章

アセスの実施の仕方

1 アセスの起動

(1) アセスのファイルの種類

アセスでは，図2-1に示したような4つのファイルが提供されています。

まず，Excel 2003用の「ASSESS.xls」，Excel for Office 365，Excel 2007～2021用の「ASSESS.xlsm」という2つのアセスのファイルがあります。この2つのファイルは，動作対応するExcelのバージョンが異なるだけで，含まれるシートの構成は同じです。自分のパソコンの環境に合わせてお使いください。いずれもデータを処理するためのマクロを含んでいます。

この他に，入力済みのサンプルデータと実行結果が含まれているファイルも用意してあります。「SampleASSESS.xls」と「SampleASSESS.xlsm」というファイルです。アンケート結果の入力の際には，これらのファイルを参考にしてください。このファイルは，アンケート実施前に，アセスを試してみたい場合にも使えますので，利用してください。

ASSESS.xls
Microsoft Excel 97-2003 ワーク...
3.82 MB

ASSESS.xlsm
Microsoft Excel マクロ有効ワー...
2.64 MB

SampleASSESS.xls
Microsoft Excel 97-2003 ワーク...
3.83 MB

SampleASSESS.xlsm
Microsoft Excel マクロ有効ワー...
2.64 MB

図2-1　アセスの4つのファイル

(2) ファイルのコピーとアセスの起動

【ステップ1】

まず，ほんの森出版の『ダウンロード版 アセスの使い方・活かし方』のページから，アセスのファイルをダウンロードしてください（ダウンロードについては、奥付ページを参照してください)。ダウンロードしたフォルダには，前述した4つのファイルがあるはずです。ただし，パソコンの設定によっては，「.xlsm」と「.xls」というファイル識別子は表示されないかもしれません。

【ステップ2】

自分のパソコンのExcelのバージョンに合わせて，ダウンロードしたアセスのファイルを，適当なフォルダにコピーします。Excel for Office 365，Excel 2007～2021の場合は，「ASSESS.xlsm」を，Excel 2003の場合は，「ASSESS.xls」をコピーしてください。

もしファイル識別子「.xlsm」「.xls」が表示されない場合，ファイルの名前は両者とも「ASSESS」となり，区別がつけづらいかもしれませんが，Excel for Office 365，Excel 2007～2021用のファイルのアイコンは，Excel 2003用のファイルのアイコンはです。

【ステップ3】

次に，コピーした「ASSESS」をダブル・クリックして，アセスを起動してください。ここからはセキュリティの解除が難しいExcel 2007を中心に説明します。Excel for Office 365，Excel 2010～2021は，「セキュリティの警告　マクロが無効にされました。」というメッセージが出てきた場合，その横の「コンテンツの有効化」をクリックすれば，アセスを実行できるようになります。

Excel 2007の場合，セキュリティの設定にもよりますが，図2-2に示したような「セキュリティの警告　マクロが無効にされました」というマクロに対する警告が出てきます。この場合には，「オプション」をクリックし，「セキュリティの警告」の「このコンテンツを有効にする」を選んで，マクロを有効にしてください。

マクロを有効にすると，図2-3左のように，タブに色の付いたシートの削除や名前の変更をしないようにというメッセージが出ます。シートの削除や名前の変更をしてしまうと，アセスが動作しなくなりますので注意してください。「OK」をクリックしてアセス・メニューを開けば，図2-3右のように，アセス・メニューに「アセス実行」「シート削除」「バージョン」という3つのメニューが加わります（図はExcel for Office 365の場合。Excel 2007～2021も同様の表示になります。Excel 2003の場合はアドインにメニューが加わります)。これで準備完了です。

「アセス実行」は，アンケートの結果を処理するときに，「シート削除」は，アンケートの結果を再処理する際に前回の結果をクリアーするときに使います。

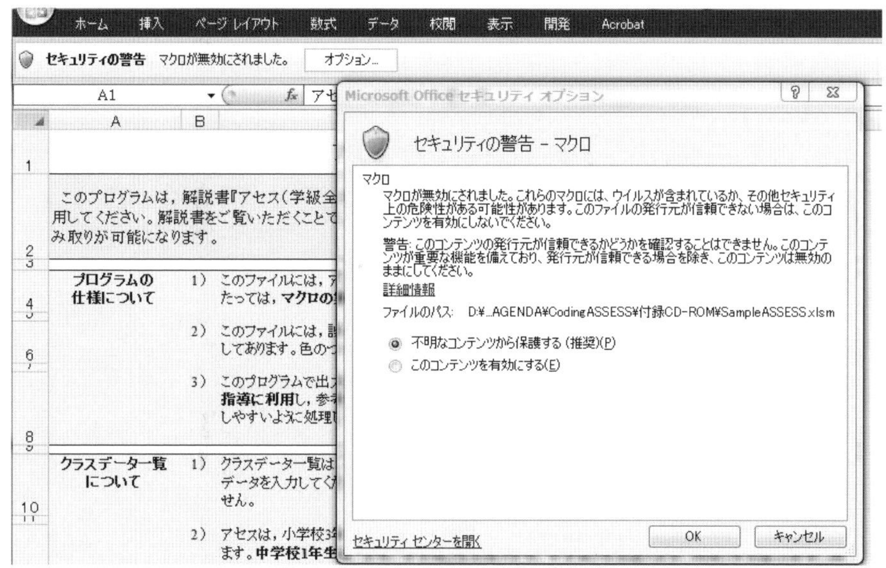

図2-2　Excel2007 のセキュリティの警告（オプションをクリックしたところ）

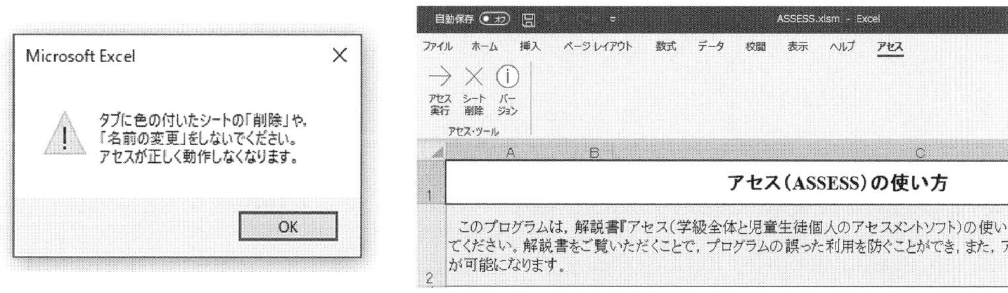

図2-3　マクロを有効にすると現れるメッセージ

（Excel 2007のマクロの有効化の補足）

もし，マクロに対する警告も出力されず，アセス・メニューに「アセス実行」「シート削除」「バージョン」が追加されない場合は，セキュリティが高く設定されていて，メッセージなしで無効にされていると思われます。セキュリティセンターのマクロの設定で「警告を表示してすべてのマクロを無効にする」をチェックしてください。セキュリティセンターを開くには，まず，（Microsoft Office ボタン）をクリックし，「Excel のオプション」をクリックします。次に，「セキュリティセンター」をクリックし，「セキュリティセンターの設定」をクリックします。ここで，「マクロの設定」を選んで，「警告を表示してすべてのマクロを無効にする」をチェックしてから，実行し直してください。この説明は，Windows VistaのExcel 2007を想定しています。もし使っているパソコンでうまくいかない場合，パソコンに詳しいまわりの人に相談してみてください。

（互換モードの補足）

Excel for Office 365，Excel 2007～2021でExcel 2003用のファイル（ASSESS.xls）を開くと「互換モード」で動作しますが（この場合，アセスは「アドイン・メニュー」の中に登録されます），Excel for Office 365，Excel 2007～2021をお使いの場合は，ASSESS.xlsmを使用することをおすすめします。

(3) ファイル内のシートの構成

ASSESSのファイル内には,「使用上の注意」「アンケート用紙（小中版）」「アンケート用紙（高校版）」「クラスデータ一覧（1）」「クラスデータ一覧（2）」「クラスデータ一覧（3）」という6つのシートが用意してあります。各シートは，不必要な書き込みや削除ができないように，保護してあります。特に，色のついたセルは，書き込めないように保護してあります。色つきのセルでは，削除，貼付け（ペースト），移動などができませんが，コピーすることは可能です。

(4) アンケート用紙の印刷　＊Googleフォーム等を使用する場合は，p80〜を参照してください。

アンケート用紙は「アンケート用紙（小中版）」「アンケート用紙（高校版）」の２種類が用意されています。どちらのアンケート用紙も，Ａ４判サイズの用紙に印刷するように設定してあります。アンケート用紙は，画面上ではカラーになっていますが，白黒印刷でも問題なく印字される色に設定してあります。また，ちょうど2ページに収まるようにレイアウトしてあります。両面印刷設定では１枚に印刷されますが，回答のしやすさという点から，片面印刷したアンケート用紙２枚をホッチキスなどで留めて冊子にするやり方をおすすめします。このほうがアンケート回収時に回答を他人に見られないので，安心して回答できるでしょう。

2 アンケート実施に際しての留意点

(1) アンケートの実施時期

アセスは，その時点その時点の適応状態を測るものですから，個々の児童生徒やクラスの実態を把握する目的ならば，いつでもアンケートを実施することができます。

また，最大３回までの測定の変化を分析できますから，１学期の初期の状態と，適応支援の効果が表れそうな２学期や３学期の状態を分析して比べてみるのもいいでしょう。これは適応支援が個々の児童生徒やクラスの実態に合っているか，その効果を見ていこうとする使い方です。ただし，アセスが扱う時期変化の分析対象は，同一学年の３回までという条件になっています。たとえば，３年生のときと４年生のときのように学年をまたがる変化を一括して分析することはできません。このように学年をまたがる変化を見たいときには，学年の異なる別のクラスとして分析して，あとで述べる「学級間分布票」を通して，間接的に比べてみてください。

(2) アンケートの実施

アセスは，34項目という小学生にも回答可能な項目数にしてあります。標準的な回答時間は，小学校中学年で25分程度，小学校高学年以上では20分程度です。しかし，アンケートは時間の余裕をもって実施してください。アンケートをあわてて実施すると，クラスがざわざわしたりして，アンケート実施に適さない雰囲気になり，回答が

表2-1　アンケート実施手順

	児童生徒への伝達内容
1. 用紙配布 裏返しで配布する	・今日はアンケートをします。 ・鉛筆以外のものは使いません。机の上は片づけてください。 ・これからアンケートの冊子を配ります。配っているアンケートの表紙は見ないで、前の黒板のほうを見ていてください。配布した用紙を開いて，中を見たりしないでください。
2. 配布終了	・配布したアンケートの表紙を見てください。
3. 注意	・このアンケートは，みなさんが学校生活をもっと気持ちよくすごせるようにするために行うものです。ですから，みなさんに迷惑をかけることはありませんし，学校の成績ともまったく関係ありません。1〜34の質問が，今のあなた自身に，どれくらいあてはまるかを答えてください。 ・次のページに，1〜34の質問があります。練習のあとで，その質問文をよく読んで，例のように「あてはまる」ときは５，「ややあてはまる」ときは４，「どちらともいえない」ときは３，「ややあてはまらない」ときは２，「あてはまらない」ときは１に○をつけてください。わかりましたか。
4. 練習	・それでは，まず，回答の仕方を練習してみましょう。 ・表紙の例を見てください。「朝ご飯をいつも食べる」という質問があります。いつも食べる人は，「あてはまる」の５に○をつけます。 ・次の練習をしてみましょう。「友だちと遊ぶときは外で遊ぶことは少ない」という質問があります。今度は，外で遊ばない人は，「あてはまる」の５に○をつけます。よく外で遊ぶ人は，「あてはまらない」の１に○をつけます（望ましいことがらが５点になるのではないことを十分に理解させる）。 ・みなさんできましたか。質問はありますか（あれば，適宜答える）。質問がなければ，合図をしたら，次のページに回答してください。
5. 調査	・それでは，表紙をめくってください。先ほど練習したのと同じ方法で回答をしていってください。（回答を開始したことを確認する） ・正解・不正解はありません。落ち着いて，素直に，回答してください。 （全部３，全部１や全部５，あるいはジグザグ模様になるように○をつけている子など，明らかにふざけて答えている子がいた場合，当該の子ではなく，みんなに向けて，「このアンケートは，みなさんが学校生活をもっと気持ちよくすごせるようにするために行うものです。みなさんに迷惑をかけることはありませんし，学校の成績ともまったく関係ありません。落ち着いて，素直に，回答してください」などの説明を繰り返す）
6. 終了	・（回答が終了するまで待つ）最後に，回答の間違いや記入漏れがないか，もう一度確認してください。（アンケート用紙の回収）

偏る可能性が高くなります。周りや教師の評価を気にせず，自分の思うままに回答することが大切です。思ったとおりに自由に回答する雰囲気をつくり，その雰囲気を維持してください。

表２-１に，用紙配布から調査終了までのアンケート実施の手順を載せてあります。アンケート用紙の配布からアンケート終了までの流れと，それぞれのステップでの児童生徒への説明の例を示してあります。基本的には，「成績評価のために実施するの

ではない」こと，「学校生活を気持ちよくすごせるようにするための手がかりを得るために実施する」こと，「自分の思ったままを回答してほしい」ことを説明します。

実施中に，質問文の語句の意味などについて質問された場合は，当該の子だけでなく，みんなに向けて，わかりやすく説明してください。実施の最中に記入漏れなどに気づいた場合，当該の子だけに注意をすると「教師から見られている」という意識から回答が偏ることもあるので，みんなに向けて確認を促すなどの対応をしてください。

3 アンケート結果の入力

(1) クラスデータ一覧の仕様

クラスデータ一覧 (1)～(3) のシートに，実施したアンケートの回答を入力します。必ず，「クラスデータ一覧（1)」のシートから順番に使用してください。２回目以降のアンケートを実施していない場合は，「クラスデータ一覧（2)」や「クラスデータ一覧（3)」に入力する必要はありません。

サンプルデータが入っている「SampleASSESS」を参考して，入力の仕方を見ていきましょう。クラスデータ一覧（1)～(3）のシートの第１行目には，図２-４の１行目にあるように，「学年」「学級」「性別」「番号」「メモ」と項目「1～34」という見出しが記入してあります。２行目以下に児童生徒のアンケートへの回答を入力していきます。１行目の見出しに合わせて，児童生徒の「学年」「学級」「性別」「番号」「メモ」と項目「1～34」への回答を入力していってください。ただし，クラスデータ一覧（2）以降のシートには，クラスデータ一覧（1）の「学年」「学級」「性別」「番号」「メモ」に入力した値が自動的にコピーされますので，これらのデータを入力する必要はありません。また，（黄色を除いた）色つきのセルは保護されていますので，入力しようとするとエラーになります。クラスデータ一覧（2)～(3）のシートに入力するときは，項目「1～34」に対応する回答だけを入力してください。

見出しにある「学年」「学級」「性別」「番号」「メモ」と項目「1～34」のうち，必ず入力しなくてはならないものは，「学年」「番号」と項目「1～34」の３つです。「学級」「性別」「メモ」は必要に応じて入力してください。「学年」「番号」と項目「1～34」の３つは必ず「半角の数字」で入力してください。「学級」「性別」「メモ」は文字を入力することもできます。それぞれの注意事項は，以下の（2)～(5）を参照してください。

(2) 複数クラスの分析

アセスは，複数のクラスの回答を分析することもできるようになっています。この場合，クラスとクラスの間を区別する必要があります。アセスは，図２-４の①ように，「番号」の欄に半角英字の「E」（クラスの終わりを意味する）と入れておくと，そこがクラスの切れ目であると判断します。「E」で区切るクラスの「学年」は，異なっても

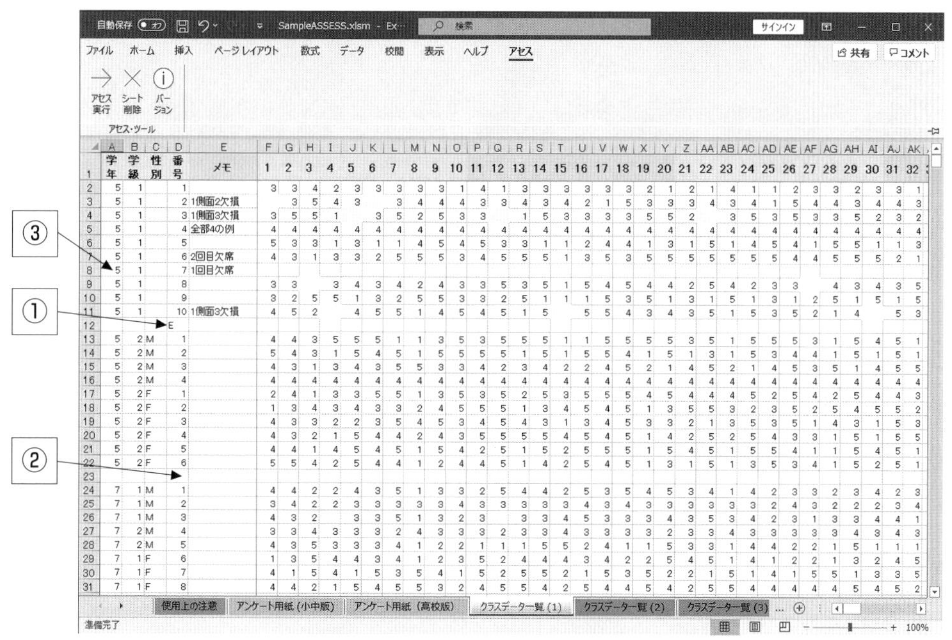

図2-4　クラスデータ一覧の例

かまいませんが，複数のクラスを一度に分析するときには，必ず「E」でクラスを区切ってください（最後のクラスの後には「E」を入れないでください。また，１つのクラスを分析する場合も「E」を入れないでください）。もちろん同じ「学年」の複数クラスの場合,「学級」を入力しておく必要があります。ちなみに，図2-4の②ように「番号」の欄が空白のときには，全クラスの終わりと判断し，分析を終了します。したがって，この図2-4の例では，第７学年のデータは分析されませんので注意が必要です。

アセスは，分析の際，個人ごとに「個人特性票」というシートをつくるので，１クラスの人数を54人以内に制限しています。また，クラス数を，24クラス以内に制限しています。計算では，最大1296人分のアンケートを分析できることになります。しかし，実際にはExcelで作成できるシートの数上限は，パソコンのメモリーの大きさなどに依存しますから，1296人よりも少ない人数で分析できなくなると思います。クラス数や人数が多すぎて，一度に処理しようとすると途中で止まってしまう場合には，学年やクラスごとで分析してください。

（3）「学年」の入力の仕方

「学年」は必ず入力してください。ただし，小学校からの通し学年を使う必要があるので，注意してください。中学校１年は「７」，中学校２年は「８」，中学校３年は「９」，高校１年は「10」，高校２年は「11」，高校３年は「12」学年として入力します。アセスは小学校３年生からの使用を想定していますので、3～12までの「半角の数字」を入力することになります。この範囲外の数字を入れて実行すると，メッセージが表示されて止まります。しかし，中学校３年を「3」と入力すると，範囲外ではないので，小学校３年とみなされ，誤った分析がされてしまいます。必ず小学校からの通し学年を入力してください。

「学年」の下限を小学校３年生に設定しているのは，小学校低学年ではアセスのようなアンケートに回答するのが難しく，アセスメントの信頼性が低くなるためです。

（4）「番号」の入力の仕方

「番号」も必ず入力する必要があります。「番号」は，個人を区別するためのID番号のようなものです。「半角の数字」で入力してください。「番号」の値が「E」または「空白」で区切られた１クラスのデータの中に同じ番号がない場合，言い換えれば，図２-４の第５年第１学級のように，クラスで男女を通して番号が振られている場合には，この「番号」だけを入力すればＯＫです。しかし，男女別に１番から番号が振られている場合には，男の１番と女の１番を区別する必要がありますから，「性別」も入力してください。「性別」は，数字以外の文字を使えますので，図２-４の第５年第２学級のように，男を「M」，女を「F」と入力してもＯＫです。

「番号」は必須ですから，「番号」を記入していないアンケート用紙があった場合，アセスでは処理できません。「学年」や「学級」は正しく推定できますが，「番号」は推定しようがないこともあります。しかし，「番号」を「空白」にしておくと，データの終わりと判断され，それ以降のデータが処理されません。とりあえず，たとえば「90」とか「99」といった未記入だったことがわかりやすい適当な番号を振っておいてください。

（5）項目「1～34」の入力の仕方

項目「1～34」は，アンケートの質問項目1～34に対応しています。質問項目1～34には，1～5の数字に○をつけて回答していますので，その○のついた数字を入力してください。回答漏れの項目や複数の回答がある項目などは，「空白」にしておくこともできますが，「X」と入力しておくと，回答漏れなのか入力漏れなのか区別がつきやすいでしょう（ただし，図２-４では空白のセル，サンプルデータの画面では黄色い空白のセルにしてあります）。

項目「1～34」は「半角英数字」で入力してください。アンケート実施時に欠席している場合でも，２回目，３回目のアンケートを実施する場合には，図２-４の③のように，「学年」「学級」「性別」「番号」などはそのまま残しておく必要があります。そして，項目「1～34」すべてに「X」を入れておくか「空白」にしておきます。

アセスでは，「生活満足感」「教師サポート」「友人サポート」「向社会的スキル」「非侵害的関係」「学習的適応」の６つの適応感から児童生徒の適応状態をアセスメントします。それぞれの側面は，５つの質問項目で測っています。回答漏れが２つを超えた側面については，分析の対象外としています。また，６つの適応感の他に，４つ質問項目を加え，回答の一貫性もチェックしています。同じような項目に対してまったく異なる回答をしている場合，アセスで分析すると「回答に矛盾や防衛的反応が見られ，結果が正確でない可能性があります」というメッセージが出ます。

これまでの分析では，適応感の低い子ほど回答に乱れが見られるため，このメッセージが出やすい傾向にあります。しかし，チェック項目は少ないので，大きく矛盾しない限りはこのメッセージは出ません。すべての項目に対して5をつけるとか1をつけるというように，同じところに○をつけている場合にも，このメッセージが出ます。しかし，多少とも散らばりがある場合には，回答の信頼性を確認する手立てはありません。基本的に，アンケートには率直に回答していることを前提にしています。事後処理でアンケートの信頼性を解決しようとするよりも，まずアンケート実施の際に，素直に回答しやすい雰囲気をつくっておくことが大切です。

4 アセスの実行と結果の出力

(1) アセスの実行

【ステップ1】

アセスへのデータ入力が終了したら，アセスのタブの「アセス実行」をクリックします。アセスは，まず，図2-5に示したように「データの処理を開始しますか？」と尋ねてきますので，「はい（Y)」をクリックして，処理を開始しましょう。入力されたデータから，あとで説明する「個人特性票」「学級平均票」「学級内分布票」「学級間分布票」を作成するのに必要な諸得点を計算します。計算結果は，クラスデータ一覧（1)～(3）に書き込まれます。1回でもデータの処理を行うと，クラスデータ一覧（1)～(3）には，入力した数値以外のものが追加されますが，処理のたびに計算し直し，書き込み直しますので，そのままにしておいてもまったく問題はありません。もし図2-5で「いいえ（N)」をクリックすると，何もしないで終了します。

図2-5　アセスの処理開始確認

【ステップ2】

必要な計算が終了すると，図2-6に示したように，「個人特性票の処理を開始しますか？」と尋ねてきますから，あとで説明する「個人特性票」と「学級平均票」が必要ならば「はい（Y)」をクリックします。「個人特性票」はクラスの人数分のシートを作成しますので，時間とメモリーを必要とします。とりあえず，クラス全体の特徴を把握するためだけならば必要ないかもしれません。その場合は「いいえ（N)」をクリックして，この処理をスキップしてください。

図2-6　個人特性票の処理確認

【ステップ3】

「個人特性票」と「学級平均票」の作成が終わるか，あるいは「いいえ（N)」でスキップすると，図2-7に示したように，「学級分布票の処理を開始しますか？」と尋ねてきます。あとで説明する「学級内分布票」と「学級間分布票」が必要ならば「はい（Y)」をクリックします。ただし，「個人特性票の処理を開始しますか？」を「いいえ（N)」でスキップしていた場合，ここで「はい（Y)」をクリックすると，先ほどの「学級平均票」も出力されます。

「学級内分布票」は，各学級の時期ごとの状態を示す図を出力します。「学級間分布票」は，複数の学級の状態を示す図を出力します（複数の学級を一度に処理した場合のみ出力可能で，1学級分のみのデータを処理した場合，「はい（Y)」をクリックしても，「学級内分布票」は出力されますが，「学級間分布票」は出力されません)。

「学級内分布票」と「学級間分布票」が必要ないならば，「いいえ（N)」をクリックして，スキップしてください。

図2-7　学級分布票の処理確認

【ステップ4】

「学級内分布票」と「学級間分布票」の作成が終わるか，あるいは「いいえ（N)」でスキップすると，図2-8に示したように，「全ての処理を終了しました。」というメッセージが出ます。「ＯＫ」をクリックして，アセスの処理を終了してください。このあとファイルを保存すると，作成されたシートも保存されます。

図2-8　終了の確認

（再処理時の注意）

一度，アセスの処理を実行すると，Excelのファイルの中にたくさんのシートが作成されます。たとえ，「ESC」キーを使って強制終了しても，そこまでに作成したシートは残ります。この状態で，たとえば欠席の子のデータを入れて再度処理をしようとすると，アセスは同じ子のシートに上書きしていないかどうかを判断し，上書きが起こると，個人を識別するIDに重複があることに対する警告を出しながら処理を続けようとします。これでは，時間がかかる上に，負荷が大きく，うまく処理できない可能性もあります。

そこで，再処理をするときには，その前に「シート削除」を使って，前回作成したシートを削除してください。「シート削除」は，アセスの処理した結果だけを削除し，子どもたちのデータが入っているクラスデータ一覧は削除しません。その後，「アセス実行」をすれば，最初にアセスの処理を実行したときと同じように処理できます。また，「SampleASSESS」で使い心地を試してみるときには，すでに実行結果のシートが含まれていますから，まず「シート削除」を実行して，それから「アセス実行」をしてみてください。

(2)「個人特性票」の見方

アセスを実行し，「個人特性票の処理を開始しますか？」に対して「はい（Y)」をクリックすると，図2-9に示したような「個人特性票」が，個々の児童生徒について作成されます。図2-9は，図2-4で説明したクラスデータ一覧の5年1組の4番さんの「個人特性票」です。Excelで見ると，シートタブに「個人特性票（5年1組4番)」と書かれたシートがあるだけですが，印刷すると，図2-9に示したように，左上に「個人特性票（5年1組4番)」，右上に「作成日」のヘッダーがつきます。そ

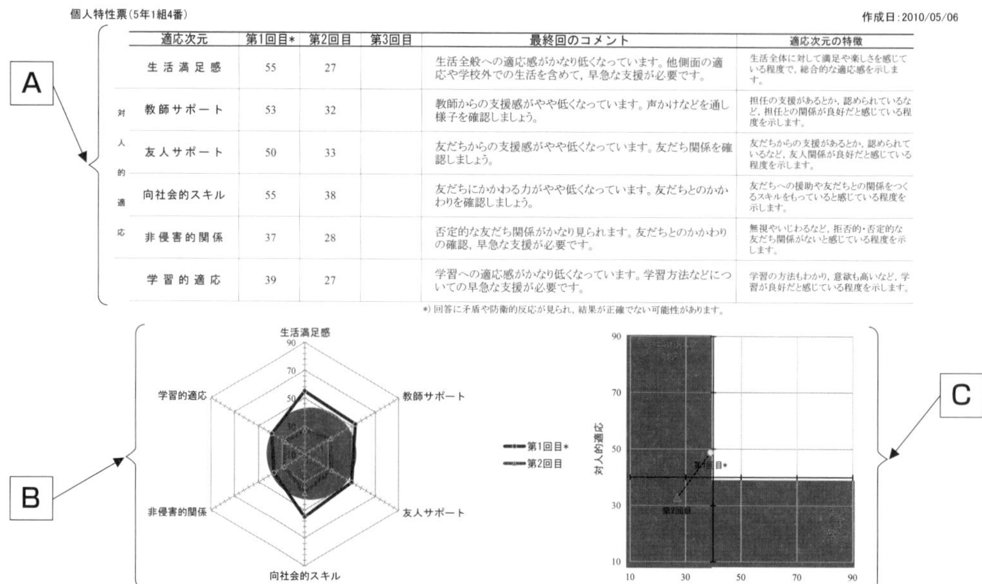

個人特性票(5年1組4番)　　　作成日:2010/05/06

	適応次元	第1回目*	第2回目	第3回目	最終回のコメント	適応次元の特徴
	生活満足感	55	27		生活全般への適応感がかなり低くなっています。他側面の適応や学校外での生活を含めて，早急な支援が必要です。	生活全体に対して満足や楽しさを感じている程度で，総合的な適応感を示します。
対人的適応	教師サポート	53	32		教師からの支援感がやや低くなっています。声かけなどを通し様子を確認しましょう。	担任の支援があるとか，認められているなど，担任との関係が良好だと感じている程度を示します。
	友人サポート	50	33		友だちからの支援感がやや低くなっています。友だち関係を確認しましょう。	友だちからの支援があるとか，認められているなど，友人関係が良好だと感じている程度を示します。
	向社会的スキル	55	38		友だちにかかわる力がやや低くなっています。友だちとのかかわりを確認しましょう。	友だちへの援助や友だちとの関係をつくるスキルをもっていると感じている程度を示します。
	非侵害的関係	37	28		否定的な友だち関係がかなり見られます。友だちとのかかわりの確認，早急な支援が必要です。	無視やいじわるなど，拒否的・否定的な友だち関係がないと感じている程度を示します。
	学習的適応	39	27		学習への適応感がかなり低くなっています。学習方法などについての早急な支援が必要です。	学習の方法もわかり，意欲も高いなど，学習が良好だと感じている程度を示します。

*) 回答に矛盾や防衛的反応が見られ，結果が正確でない可能性があります。

注）得点は標準化した「適応度」で，高いほど適応的であることを示します。左のチャートは，6次元での適応を示し，カラー線が外側に広がるほど，適応しています。オレンジの領域は要支援領域（<40）です。右のプロットは，学習的適応と対人的適応次元での適応を示し，右上ほど適応しています。それぞれオレンジの領域は要支援領域（<40）です。マーカーは，生活満足感の適応度で，要支援は赤の△（<30）とオレンジの◇（<40）で，適応群は緑の○と（≧40）青の○（>50）で示してあります。グラフの読み取り方は，解説書2章，3章を参照してください。

ASSESS

図2-9　個人特性票の出力例

して，表が1つとグラフが2つ作成されます。下には，注として図の見方が書かれています。「個人特性票の処理を開始しますか？」に対して「はい（Y)」をクリックすると，このようなシートがクラスの人数分作成されることになります。どうしても途中で終了したい場合には，「ESC」キーを押して，強制終了させてください。

なお，本書の印刷はモノクロですので，ダウンロードしたSampleASSESSを開き，サンプルデータを見て，色を確認しながら読み進めることをおすすめします。

Aの表について

「適応次元」の欄には，「生活満足感」「教師サポート」「友人サポート」「向社会的スキル」「非侵害的関係」「学習的適応」の6つの側面が列挙されます。「教師サポート」から「非侵害的関係」までの左横には「対人的適応」とあるように，これら4つが「対人的適応」であることを示しています。各側面の意味は，右端の「適応次元の特徴」の欄に示されています。

5年1組の4番さんは，1回目の回答で，すべて4に○をつけていましたから，「第1回目」の横に「＊」がついて，「＊）回答に矛盾や防衛的反応が見られ，結果が正確でない可能性があります。」というメッセージが出ています。そして，第2回目の6つすべての側面の適応感得点が40未満になっていますから，「最終回のコメント」の欄に，それぞれコメントが書かれています。特に「生活満足感」と「非侵害的関係」「学習的適応」は30未満になっているので，「早急な支援が必要です」と，早急な対応を促しています。

アセスでは，適応していると感じているほど得点が高くなるように計算をしています。支援を必要とするかどうかを重視していますから，「最終回のコメント」欄は，回答が１回だけなら１回目，２回なら２回目，３回なら３回目の結果についてコメントするようつくっています。

Ⓑのレーダーチャート（六角形のグラフ）について

このレーダーチャートは，単に，表の得点をグラフにしたものですが，６つの側面のバランスを読み取ることができます。バランスよく外側に広がっているほど適応していることを示しています。

支援が必要だというコメントが出る，中心付近の40未満の領域は，黄色く着色してあります。ディスプレー上やカラー印刷した場合は，赤い線が第１回目の結果で，青い線が第２回目の結果です。小さいのですが，第１回目は○のマーカー，第２回目は△のマーカーがついているので，白黒でもある程度区別がつくと思います。

５年１組の４番さんは，１回目の線が，右に寄った縦長の六角形になっていて，「学習的適応」と「非侵害的関係」が黄色い領域にかかっているバランスの悪い形になっています。すべて４に○をつけていたという問題はありますが，もしこれが素直な回答ならば，特に「学習的適応」と「非侵害的関係」に問題があると読み取れます。

ⒸのXYプロットについて

XYプロットには，「生活満足感」「学習的適応」「対人的適応」の３つの側面が表されています。「学習的適応」の得点を横軸（x軸）に，「教師サポート」「友人サポート」「向社会的スキル」「非侵害的関係」の平均得点を「対人的適応」として縦軸（y軸）に示してあります。したがって，右端ほど「学習的適応」が高く，上端ほど「対人的適応」が高いことを示します。それぞれ支援が必要だというコメントが出る40未満の領域は，黄色く着色してあります。

そして，点のマーカーの色と形が，４段階で「生活満足感」を表すようにしてあります。30未満は赤い△，30以上40未満はオレンジの◇，40以上50未満は緑の○，50以上は青い○で表示するようにしてあります。ただし，「生活満足感」に関する項目だけに回答していない場合，黒い△になっています。

アセスでは，適応状態を概観する場合，全般的な適応を反映する「生活満足感」，学習面での適応を反映する「学習的適応」，対人面での適応を反映する「対人的適応」の３側面からとらえるようにしています。このうち「対人的適応」は，「教師サポート」「友人サポート」「向社会的スキル」「非侵害的関係」の４つの側面の平均ですから，詳細は左下の六角形のグラフ（レーダーチャート）で確認する必要があります。

(3)「学級平均票」の見方

クラスの人数分の「個人特性票」が作成されたあと，続いて，図２-10に示すような「学級平均票」が作成されます。ここに示したのは，「個人特性票」の例の５年１組４番さんが所属する，５年１組10名の平均票です。

表も図も，目盛りの最大値と最小値が異なっているだけで，「個人特性票」と同じ

学級平均票(5年1組10名)　　　　作成日:2010/05/06

	適応次元	第1回目	第2回目	第3回目	最終回のコメント	適応次元の特徴
	生活満足感	48	47		特になし。	生活全体に対して満足や楽しさを感じている程度で，総合的な適応感を示します。
対人的適応	教師サポート	47	47		特になし。	担任の支援があるとか，認められているなど，担任との関係が良好だと感じている程度を示します。
	友人サポート	51	53		特になし。	友だちからの支援があるとか，認められているなど，友人関係が良好だと感じている程度を示します。
	向社会的スキル	50	47		特になし。	友だちへの援助や友だちとの関係をつくるスキルをもっていると感じている程度を示します。
	非侵害的関係	42	51		特になし。	無視やいじわるなど，拒否的・否定的な友だち関係がないと感じている程度を示します。
	学習的適応	50	45		特になし。	学習の方法もわかり，意欲も高いなど，学習が良好だと感じている程度を示します。

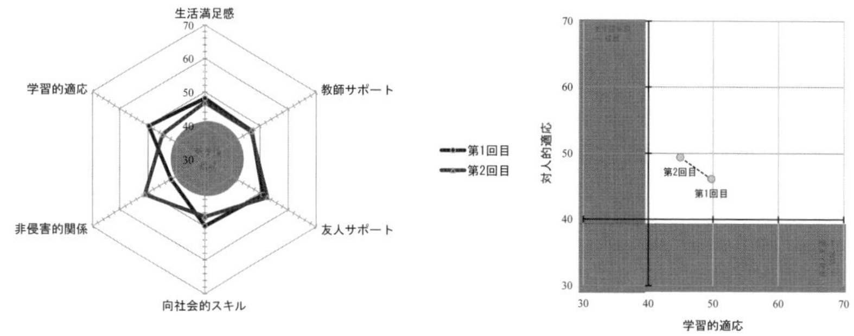

注）得点は標準化した「適応度」で，高いほど適応的であることを示します。左のチャートは，6次元での適応を示し，カラー線が外側に広がるほど，適応しています。オレンジの領域は要支援領域(<40)です。右のプロットは，学習的適応と対人的適応次元での適応を示し，右上ほど適応しています。それぞれオレンジの領域は要支援領域(<40)です。マーカーは，生活満足感の適応度で，要支援は赤の△(<30)とオレンジの◇(<40)で，適応群は緑の○と(≧40)青の○(>50)で示してあります。グラフの読み取り方は，解説書2章，3章を参照してください。

ASSESS

図2-10　学級平均票の出力例

構成です。表や図の意味も読み取り方も，前述した「個人特性票」と同じです。ただし，クラスには得点の低い子もいれば高い子もいるのが一般的なので，当然クラス平均は，どの適応の側面も得点が50近辺に寄ってくる傾向にあります。適応に問題が多かった５年１組４番さんが所属する５年１組も，クラスの平均としては要支援の状態にはなっていません。もし「学級平均票」に，黄色の要支援領域に含まれるマークがあったり，赤い△やオレンジの◇のマークがあったりした場合は，クラスの全体的な適応状態がよくなかったり，クラスの多くの子どもが支援を必要としていたりすることになります。支援の緊急度が高いと言えるでしょう。そのような場合，クラスの状態を，次の「学級内分布票」でも確認してみる必要があります。

(4)「学級内分布票」の見方

このあと，アセスは「学級分布票の処理を開始しますか？」と尋ねてきます。これに対して「はい（Y)」をクリックすると，図2-11に示すような「学級内分布票」が作成されます。「学級内分布票」は学級でアセスを実施した回ごとに作成されます。ここに示したのは，「個人特性票」の例の５年１組４番さんが所属する５年１組の２回目の「学級内分布票」です。

Ⓐのプロットについて

このXYプロットには，「個人特性票」の右下のグラフと同じように，「生活満足感」「学習的適応」「対人的適応」の３つの側面が表されています。最大値と最小値は異な

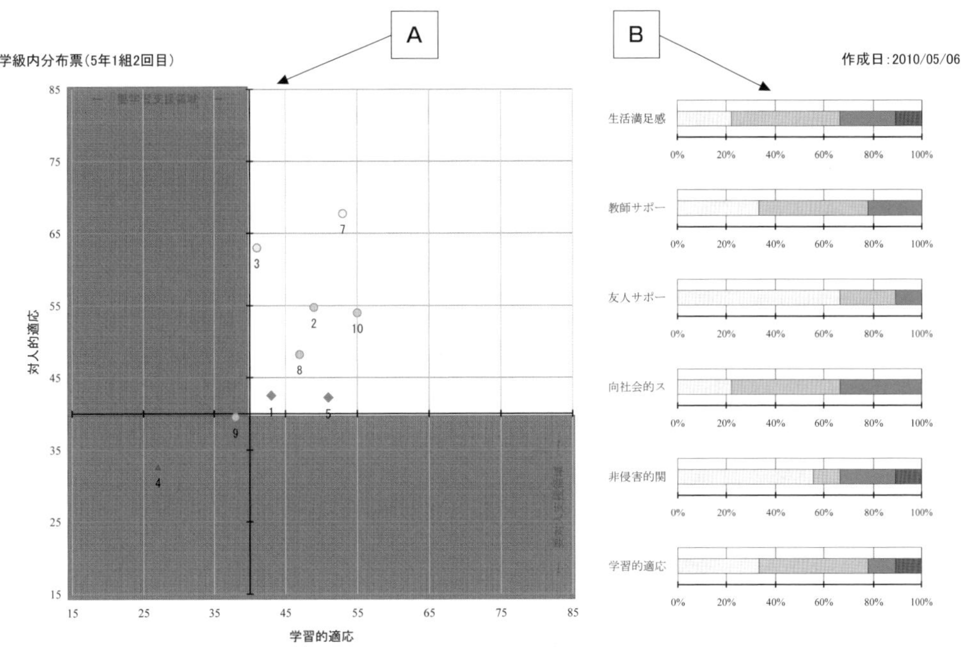

注）得点は標準化した「適応度」で，高いほど適応的であることを示します。プロットは，学習的適応−対人的適応次元での適応を示し，右上ほど適応しています。オレンジの領域は要支援領域（<40）です。マーカーは，生活満足感の適応度を示し，要支援は赤の△（<30）とオレンジの◇（<40）で，適応群は緑の○（≧40）と青の○（>50）で示してあります。グラフの読み取り方は，解説書2，3章を参照してください。

注）6つの尺度ごとに，各適応状態の割合（%）を示したものです。要支援は赤（<30）とオレンジ（<40）で，適応群は緑（≧40）と青（>50）で示してあります。グラフの読み取り方については，解説書2，3章を参照してください。

ASSESS

図2-11　学級内分布票の出力例

りますが，「学習的適応」の得点を横軸（x軸）に，「教師サポート」「友人サポート」「向社会的スキル」「非侵害的関係」の平均得点を「対人的適応」として縦軸（y軸）に示してあります。したがって，右端ほど「学習的適応」が高く，上端ほど「対人的適応」が高いことを示すのも同じです。それぞれ支援が必要だというコメントが出る40未満の領域は，黄色く着色してあります。そして，点のマーカーの色と形が4段階で「生活満足感」を表すようにしてあることも，30未満は赤い△，30以上40未満はオレンジの◇，40以上50未満は緑の○，50以上は青い○で表示するようにしてあることも，「生活満足感」に関する項目だけに回答していない場合は黒い△になっていることも同じです。ただし，「個人特性票」では，マークは1回目～3回目の各回の適応状態を表すのに対して，この「学級内分布票」では，マークは個々の子どもの適応状態を表しています。マークはクラスの人数分だけあり，各マークの下には，それぞれの子どもの「番号」が示されています。

5年1組4番さんは，グラフの左下に4という番号が付された赤い△です。この位置は，「学習的適応」も「対人的適応」も支援を必要とする領域で，赤い△は，さらに「生活満足感」も支援を必要とすることを表しています。5年1組4番さんの右上に5年1組9番さんが，9という番号が付された緑の○で示されています。この位置は4番さんと同様に「学習的適応」も「対人的適応」も支援を必要とする領域ですが，緑の○は「生活満足感」が高いことを表しています。さらに右上に，5年1組1番さんが，１という番号が付されたオレンジの◇で示されています。この位置は「学習的適応」も「対人的適応」も問題のない領域ですが，オレンジの◇は「生活満足感」に支援が必要なことを表しています。

このクラスは10名しかいないので，全体の特徴を把握するのが難しいかもしれませんが，マークは右下の要支援領域から左上にかけて斜め右上がりの範囲にあるのがわかります。クラスによっては，みんなが「対人的適応」は高いけれど「学習的適応」は低いといったことも見てとれます。

Ⓑの横棒グラフについて

６つの横棒グラフは，クラス全体の適応の状態を，上から「生活満足感」「教師サポート」「友人サポート」「向社会的スキル」「非侵害的関係」「学習的適応」の順に表したものです。そして，各適応について，左から順に，50以上の割合を青，40以上50未満の割合を緑，30以上40未満の割合をオレンジ，30未満の割合を赤で示しています。横棒の青や緑が多ければ，クラス全体としては適応的であることになります。逆に赤やオレンジが多ければ，クラス全体が適応に問題を抱えていることになります。

アセスの適応の指標が偏差値と同じような性質をもつこと，つまり平均的な適応状態を50としています。ですから，理論上は，青の割合が約50％に，また青と緑を合わせた割合は約84％になります。しかし，これまでの分析では，30～40人のクラスの場合，少なめに見ても青の割合が40％を超え，青と緑を合わせた割合は60％を超えると予想されます。もしこれに満たないときには，個々の子どもというよりは，クラス全体が適応に問題を抱えていると考えて対応する必要があるかもしれません。逆に言えば，青と緑がこの割合を超えていれば，クラス全体というよりは，赤やオレンジの要支援と判定された個々の子どもに対する支援に力を入れる必要があるかもしれないということです。

（5）「学級間分布票」の見方

クラスデータ一覧に入力したクラスが複数ある場合は，「学級内分布票」が作成されたあと，図２-12に示すような「学級間分布票」が作成されます。最大値と最小値は異なりますが，「学級内分布票」の左のグラフ（XYプロット）と同じグラフです。マークの位置や色・形の意味も同じですが，マーク自体は，個々の子どもではなく，学級の平均値に基づくものです。「学級平均票」のところでも説明したように，50近辺になりやすい特徴をもっています。

この「学級間分布票」は，適切な支援のために子どもたちの適応状態を知るというアセスの目的から離れているように思われるかもしれません。しかし，アセスは，同じ学年内の３回分のアンケートの結果から，変化を読み取ることができるようになっていますが，基準の異なる学年を超えた変化は，単純には読み取ることができないという制約があります。この「学級間分布票」を使うと，前の学年のときの状態と比較することができます。もちろん「学級間分布票」ですから，学校全体を対象とすれば，

学級間分布票（全2組分2回目）　　作成日：2010/05/06

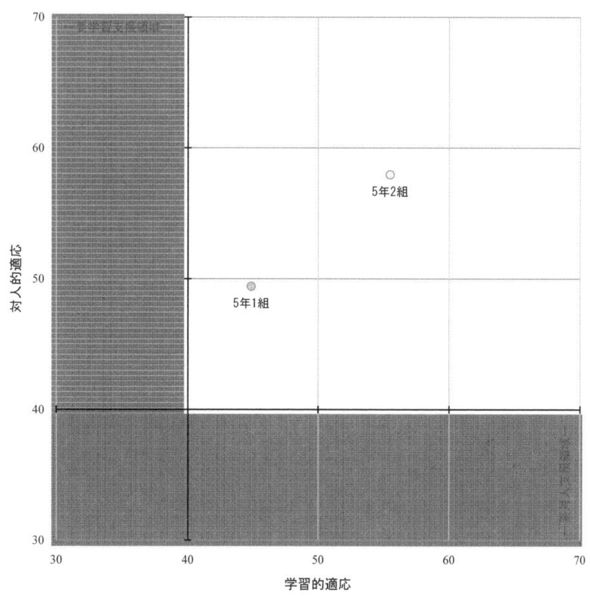

注）得点は標準化した「適応度」で，高いほど適応的であることを示します。プロットは，学習的適応−対人的適応次元での適応を示し，右上ほど適応しています。オレンジの領域は要支援領域（<40）です。マーカーは，生活満足感の適応度を示し，要支援は赤の△（<30）とオレンジの◇（<40）で，適応群は緑の○（≧40）と青の○（>50）で示してあります。グラフの読み取り方は，解説書2，3章を参照してください。

ASSESS

図2-12　学級間分布票の出力例

各学年の特徴も読み取ることができます。そのような活用法は，学校全体の長期的な支援の在り方を考える手がかりになるでしょう。

(6) 結果を見る順序

アセスは，これまで見てきたように「個人特性票」「学級平均票」「学級内分布票」「学級間分布票」の４種類のシートを出力することができます。複数の学級を対象に利用するのは，あまり一般的ではないでしょうから，普通はアセスによって「個人特性票」「学級平均票」「学級内分布票」の３種類のシートを，この順番で出すことになります。しかし，アセスの結果を見るには，これとは逆の順番で見ていくほうが，子どもの適応状態を理解しやすいでしょう。

つまり，まず「学級内分布票」でクラスの状態を把握します。左側のXYプロットで子どもたちの分布状況を確認し，右側の横棒グラフでクラスの課題を確認します。場合によっては「学級平均票」のレーダーチャートでも確認する必要があるかもしれません。そこから，当面クラス全体への支援を重視するべきか，個々の子どもへの支援を重視するべきかの手がかりが得られるでしょう。いずれにしても，要支援領域にいる赤い△が付された何人かの子どもについては，個別の支援が必要かもしれません。この場合，当該の子どもの「個人特性票」で，子どもの状態の詳細を把握します。

このような順序で結果を見ていくことをおすすめします。

……… 3章

アセスの基本的な読み取り方

本章では，「個人特性票」と「学級内分布票」の基本的な読み取り方のポイントと，事例を通して，分析結果の理解の仕方について解説します。なお，本書の印刷はモノクロですので，ダウンロードしたSampleASSESSのファイルを開き，サンプルデータを見て，色を確認しながら読み進めることをおすすめします。

1「個人特性票」の基本的な読み取り方

(1) 40未満の要支援領域の因子を確認する

「個人特性票」(図2-9，26ページ参照) Aの表の数値は，平均が50で，偏差値とほぼ同じような数値ですので，40を下回るようであれば相当適応状態が悪いと考えられます。特に30を下回っているような場合，本人がSOSを感じている度合いはきわめて高く，本当に早急な支援が必要です。

左下のBのレーダーチャートでは，黄色で塗られた領域が40未満の領域です。したがって，40未満の数値になっている場合は，実際の様子をしっかりと観察し，何らかの支援を考える必要があるでしょう。

(2) 全体的適応感を示す「生活満足感」を確認する

「個人特性票」のAの表の一番上に「生活満足感」の結果が出力されます。この「生活満足感」は，Aの表とBのレーダーチャートでは数値で，右下のCのXYプロットでは，30未満は赤い△，30以上40未満はオレンジの◇，40以上50未満は緑の○，50以上は青い○で表示されています。赤い△の場合，支援ニーズはきわめて高いことになります。

「生活満足感」は全体的適応感を測定していますが，他の５つの因子は領域別の適応感を測定していますので，質が異なっています。どちらが重要かと言えば，「生活満足感」です。たとえば，要支援領域の40を「学習的適応」や「友人サポート」は下回ったけれども「生活満足感」は50を超えているような児童生徒の場合，その子どもは「勉強もよくわからないし，友だちからのサポートもあんまりないけれども，気分的にふさぎ込んでいるわけでもない」ということを意味します。つまり，不適応感をもっている領域は，「学習的適応」と「友人サポート」に限定されるということです。これは支援自体は必要だけれども，重篤度という点から見るとさほど高くはないことを示唆しています。

逆に，領域別の適応感である５つの因子得点が50を超えているのに，「生活満足感」だけが40を下回るような場合，「精神的に苦しい」と思っている度合いは高くなります。領域は限定されず，毎日毎日の生活自体が不適応感に満ちているということになります。その分だけ，支援の必要性も緊急度も高くなります。赤い△の場合，つまり30を下回るような場合は，たとえば今日まで学校に来ていても，明日から不登校になるような危険性を秘めていると考えてください。

(3) 因子間の相関を踏まえて「生活満足感」の数値を解釈する

図３-１に，１章の図１-２を再掲しました。これを見ると「生活満足感」には他の５因子すべてが影響しています。したがって，「対人的適応」を構成する４因子（「教師サポート」「友人サポート」「向社会的スキル」「非侵害的関係」）が低い場合も，当然その影響が「生活満足感」に及ぶのが一般的です。

個人特性票で言えば，XYプロットで黄色い領域に位置する児童生徒，特に「対人的適応」も「学習的適応」も要支援領域に位置づく（XYプロットの左下の第３象限）ような児童生徒の場合，「生活満足感」についても，ある程度低くなるのが一般的です。

たとえば，先にあげた，「学習的適応」や「友人サポート」が40を下回ったけれども「生活満足感」は50を超えているような児童生徒の場合，通常でしたら「学習的適

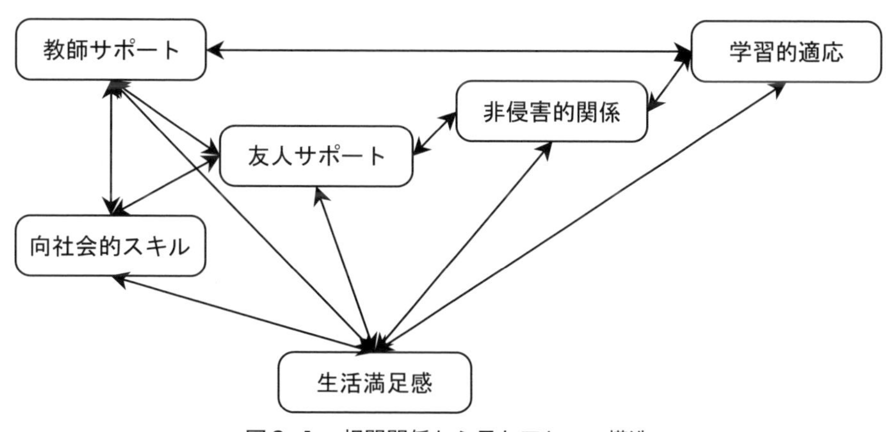

図３-１　相関関係から見たアセスの構造

応」や「友人サポート」が低いわけですから，「生活満足感」も低くなるのが一般的です。しかし実際にはさほど低くないとすれば，何らかの理由が考えられます。たとえば，「学習をそれほど重視していない」といった場合や，「友だちがいなくても苦にならないタイプ」の児童生徒の場合は，さほど「生活満足感」への影響は大きくならないでしょう。また，「家庭適応が非常によい」ような場合は，学校ではうまくいっていなくても，そこで支えられて「生活満足感」が下がらないということも考えられます。

これに対して，領域別の適応感である５つの因子得点が50を超えているのに，「生活満足感」だけが40を下回るような場合は，領域別の適応はよいわけですから，それ以外の要因，たとえば家庭やそれ以外の場（スポーツ少年団やクラブチーム，地域の仲間集団等）での適応がよくないことが影響しているかもしれませんので，そういった場での様子を把握する必要があります。

（4）因子間の相関関係を踏まえて「対人的適応」を考える

「生活満足感」以外の５つの領域別因子の間にも相関関係はあります。アセスでは，「対人的適応」を「教師サポート」「友人サポート」「非侵害的関係」「向社会的スキル」の４因子でとらえています。「対人的適応」に課題があった場合，特にこの４因子の数値や相関関係を考えながら，原因や方策を考える必要があります。

たとえば「友人サポート」得点が低く「向社会的スキル」得点も低い児童生徒がいた場合，スキルの低さが友人関係を築くことの障害となっている可能性が高くなります。しかし，「友人サポート」得点が低いけれども「向社会的スキル」得点は高い児童生徒の場合，向社会的スキル自体はあるわけですから，話の合う友だちがいなかったり，同じ部活動に所属する友人がクラスにいなかったり，あるいは人間関係を壊すようなトラブルがあったりといった，スキル以外の要因が「友人サポート」の低さにつながっている可能性が高くなります。

このように，同じ得点であったとしても原因が異なる場合があります。それを読み解くには因子間の相関を考えることが大切です。

（5）学習に関連する適応を総合的に考える

アセスでは，学習に関連する適応を１因子でとらえています。ただし，この中身をもっと分析していくと，実はいくつかの因子がまとまったものと考えられます。たとえば「学習効力感」（学習能力に対する自信）や「学習への動機づけ」といったものがあげられるでしょう。中学生や高校生では，進路適応の問題がこれらに影響していることも想定されます。

また，因子間の相関関係を見ると，「学習的適応」に強い相関をもっているのが「非侵害的関係」です。したがって学級内でいじめやからかいのような侵害的行為を受けている「非侵害的関係」の低い児童生徒は，心理的な安心や安全が保障されないために，勉強どころではなくなってしまい，「学習的適応」が低くなる可能性があります。

このように「学習的適応」は１因子構造なのですが，多様な可能性を含んだ因子ですので，「学習的適応」が低い＝「勉強ができない」という図式でとらえるのではなく，「勉強がわからないのかもしれない」「進路で悩んでいるのかもしれない」「やる気が出ないのかもしれない」といったように，多面的に考えることが必要です。

（6）相関関係を考えて支援方策を構築する

「個人特性票」の目的は２つあります。１つは，これを用いて個々の児童生徒の適応状態を理解（アセスメント）することです。もう１つは，これを用いて個人に対する支援計画を立てることです。ですので，(1)～(5) で説明してきた観点から一人ひとりの状態を確認したら，次は支援方策を考えることになります。

その方策を考える際も，因子間の相関を考えるといいでしょう。たとえば「非侵害的関係」の得点が低い児童生徒がいた場合は，その児童生徒に対して何らかの否定的なかかわりが存在することを示唆しています。その児童生徒にどのような支援をすればいいでしょうか。直接本人の話を聞いたり，いじめ等の事実が確認されれば何らかの指導が必要になるでしょう。ただ，そのようなかかわりは「教師サポート」ですから，相関関係を見る限り「非侵害的関係」との相関は高くありません。つまり「非侵害的関係」の低さの改善にはあまり有効ではない可能性があります。一方で「友人サポート」は「非侵害的関係」とは高い相関にあります。

こうした点を考慮すると，その児童生徒に対する「友人サポート」を高めるような支援の有効性が高いと考えられます。したがって，実際にいじめ等が確認されれば，教師が事実関係を把握していじめの防止を図るとともに，当該児童生徒に対する友人のサポートを厚くする取組を意図的・計画的に実施することが望まれます。

同様に，「学習的適応」を促進するには，教師が直接的に「学習的適応」を促進するような支援を提供するルートと，「向社会的スキル」と「友人サポート」に教師が影響力を発揮することで，「非侵害的関係」を促進し，その結果として「学習的適応」を促進するルートの２種類があることがわかります。後者は“対人関係にかかわる学級経営”とも言うべきルートですが，「学習的適応」を促進する上でも，このような学級経営の重要性を示唆していると言っていいでしょう。このように因子間の相関関係は，支援方策を検討する際に役立てることができるのです。

２ 事例で学ぶ「個人特性票」の読み取り方

次に，事例に沿って「個人特性票」の読み取り方について解説していきます。

（1）勉強ができ，やや物静かなＡ君

Ａ君は勉強ができ，クラスでも一目置かれている，やや物静かな生徒です。

① 40未満の要支援領域の因子を確認する

要支援は「生活満足感」だけです。ただ，レーダーチャートを見ると，全体的に輪が小さめで，要支援領域に近いところにプロットされている因子が多いです。適応状態はあまりよくないことが推察されます。

② 全体的適応感を示す「生活満足感」を確認する

①で見たとおり，XYプロットではオレンジの◇で，緊急というほどではないにせよ，状態が悪いことが確認できます。

③ 因子間の相関を踏まえて「生活満足感」の数値を解釈する

「教師サポート」「友人サポート」「向社会的スキル」も40台前半の数値となっています。「生活満足感」は他のすべての因子と相関関係がありますから，これら3つの因子の適応感の悪さが「生活満足感」に影響を与えている可能性があるでしょう。数値からすると，家庭もＡ君のしんどさに気づいていない可能性が高いです。

④ 因子間の相関関係を踏まえて「対人的適応」を考える

「対人的適応」の4因子を見ると，「非侵害的関係」は良好ですので，いじめやからかいといったことはないと考えてよいでしょう。「向社会的スキル」は44ですので，要支援領域ではありませんが，あまり得意というわけでもないようです。そのことが41という要支援領域ぎりぎりの「友人サポート」得点につながっている可能性があります。「教師サポート」も43と低めですが，ひょっとするといじめやからかいもなく，

	適応次元	第1回目	第2回目	第3回目	最終回のコメント	適応次元の特徴
	生活満足感	37			生活全般への適応感がやや低くなっています。生活や他の適応度を確認しましょう。	生活全体に対して満足や楽しさを感じている程度で，総合的な適応感を示します。
対人的適応	教師サポート	43			特になし。	担任の支援があるとか，認められているなど，担任との関係が良好だと感じている程度を示します。
対人的適応	友人サポート	41			特になし。	友だちからの支援があるとか，認められているなど，友人関係が良好だと感じている程度を示します。
対人的適応	向社会的スキル	44			特になし。	友だちへの援助や友だちとの関係をつくるスキルをもっていると感じている程度を示します。
対人的適応	非侵害的関係	54			特になし。	無視やいじわるなど，拒否的・否定的な友だち関係がないと感じている程度を示します。
	学習的適応	65			特になし。	学習の方法もわかり，意欲も高いなど，学習が良好だと感じている程度を示します。

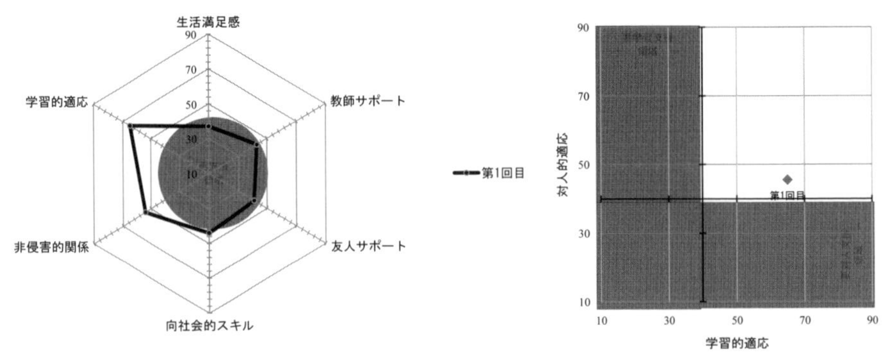

注）得点は標準化した「適応度」で，高いほど適応的であることを示します。左のチャートは，6次元での適応を示し，カラー線が外側に広がるほど，適応しています。オレンジの領域は要支援領域（<40）です。右のプロットは，学習的適応と対人的適応次元での適応を示し，右上ほど適応しています。それぞれオレンジの領域は要支援領域（<40）です。マーカーは，生活満足感の適応度で，要支援は赤の△（<30）とオレンジの◇（<40）で，適応群は緑の○と（≧40）青の○（>50）で示してあります。グラフの読み取り方は，解説書2章，3章を参照してください。

図3-2　Ａ君の「個人特性票」

人間関係も得意ではないが，挨拶をするなどの必要最低限の向社会的スキルはもっており，学級内で多少は会話もしているので，教師の目には「問題のない子ども」と映っていて，ノーマークになってしまい，支援が薄くなった可能性があります。

⑤ 学習に関連する適応を総合的に考える

「学習的適応」は非常に高く，問題はありません。ただ，A君の場合，それが周りから一目置かれるような関係を助長し，A君の孤立感を高めたのかもしれませんし，「教師サポート」が低い原因になったのかもしれません。

⑥ 相関関係を考えて支援方策を構築する

A君の「個人特性票」からは，「勉強ができてみんなから一目置かれていて，先生もそう思っているけれど，実は人間関係が苦手で，自分から友人の輪に入っていくほどの向社会的スキルはもっておらず，友人から孤立傾向にあって苦しんでいる。それに教師も気がつかないでいる」というような姿が浮かんできます。

さて，支援ですが，SOSを発してはいますが，赤の△ほどではないことから，早急に集中的に，というほどでなくてもよいでしょう。

具体的な方策としては，たとえば次のようなことが考えられるでしょう。

・話を聞く機会をそれとなくつくり，教師との信頼関係をつくる。
・班活動場面などを設定しても「向社会的スキル」が低いので，動けなかったり，浮いてしまう可能性がある。エンカウンターのような人間関係づくり，あるいはコミュニケーションスキルを学ぶような取組を計画的に実施する。
・個別相談の中で，友人とのかかわり方についてアドバイスする。
・「学習的適応」の高さをリソース（資源）として生かし，協同学習的な取組の中で他者をサポートするような場面をつくり，友人関係を広げる。

(2) 明るく活発な，リーダー格のBさん

Bさんは明るくて活発で，成績もよい，リーダー格の女子生徒です。

① 40未満の要支援領域の因子を確認する

40未満の要支援領域に入っているのは「生活満足感」だけです。右下のレーダーチャートを見ても，輪は比較的大きく，黄色い要支援領域からは離れています。

② 全体的適応感を示す「生活満足感」を確認する

Bさんは，XYプロットでは右上の第1象限に位置しています。XYプロットは縦軸が学校での「対人的適応」，横軸が「学習的適応」ですので，Bさんは学校では対人関係も学習面の適応も良好であるということです。これらの因子得点は「生活満足感」に肯定的に反映するはずですから，Bさんのように第1象限に位置づく児童生徒の「生活満足感」は高くなり，したがって色は緑や青になるのが一般的です。しかし，Bさんの場合はオレンジの◇で，実際の数値は37と要支援領域です。深刻度は赤の△ほどは高くないですが，支援が必要そうです。

③ 因子間の相関を踏まえて「生活満足感」の数値を解釈する

Bさんの「個人特性票」の上部の表を見ても，「生活満足感」以外の因子はすべて数値が50を超えています。ということは，この「生活満足感」の低さには，学校以外の要因がかかわっている可能性があります。

④ 因子間の相関関係を踏まえて「対人的適応」を考える

学校内ではまったく問題はなさそうです。相対的に見ると，若干，「教師サポート」が低めという程度でしょう。それでも50ですので問題があるわけではありません。「向社会的スキル」が高いBさんですので，おそらく教師とも良好な関係をつくっているでしょう。教師もBさんとはいい関係にあると思っているかもしれません。しかし，ひょっとすると，Bさんが学校外で感じているSOSに教師が気がついていないことに対して，Bさんは物足りなさを感じ，「教師サポート」が他の因子と比べると相対的に低い数値になっているのかもしれません。

⑤ 学習に関連する適応を総合的に考える

「学習的適応」自体に問題はなさそうです。ただそれが，Bさんの校外での適応の低さを軽く見てしまう原因になる可能性があります。

⑥ 相関関係を考えて支援方策を構築する

勉強もまあまあできて，社会性もあり，場合によってはリーダー格かもしれないBさんですが，学校外で何かを抱えていると思われます。

	適応次元	第1回目	第2回目	第3回目	最終回のコメント	適応次元の特徴
	生活満足感	37			生活全般への適応感がやや低くなっています。生活や他の適応度を確認しましょう。	生活全体に対して満足や楽しさを感じている程度で，総合的な適応感を示します。
対人的適応	教師サポート	50			特になし。	担任の支援があるとか，認められているなど，担任との関係が良好だと感じている程度を示します。
対人的適応	友人サポート	57			特になし。	友だちからの支援があるとか，認められているなど，友人関係が良好だと感じている程度を示します。
対人的適応	向社会的スキル	58			特になし。	友だちへの援助や友だちとの関係をつくるスキルをもっていると感じている程度を示します。
対人的適応	非侵害的関係	56			特になし。	無視やいじわるなど，拒否的・否定的な友だち関係がないと感じている程度を示します。
	学習的適応	55			特になし。	学習の方法もわかり，意欲も高いなど，学習が良好だと感じている程度を示します。

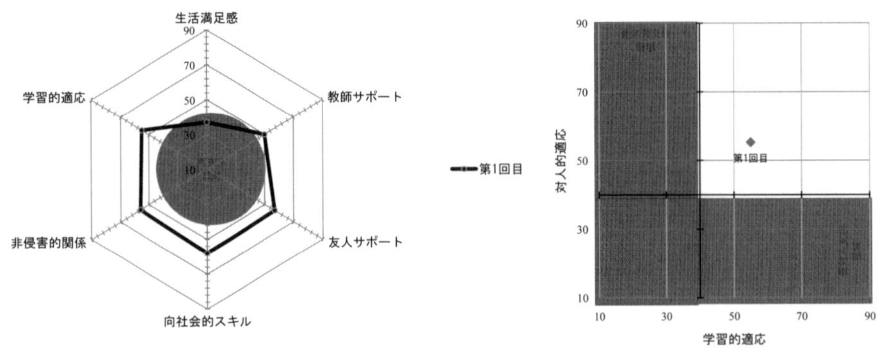

注）得点は標準化した「適応度」で，高いほど適応的であることを示します。左のチャートは，6次元での適応を示し，カラー線が外側に広がるほど，適応しています。オレンジの領域は要支援領域(<40)です。右のプロットは，学習的適応と対人的適応次元での適応を示し，右上ほど適応しています。それぞれオレンジの領域は要支援領域(<40)です。マーカーは，生活満足感の適応度で，要支援は赤の△(<30)とオレンジの◇(<40)で，適応群は緑の○と(≧40)青の○(>50)で示してあります。グラフの読み取り方は，解説書2章，3章を参照してください。

図3-3　Bさんの「個人特性票」

背景としては，たとえば，家庭での厳しいしつけ，勉強勉強と追い立てられるような状況，虐待，両親の不和や離婚問題などいろいろ考えられるでしょう。もちろん，家庭以外での適応が影響しているかもしれません。あるいは，今の学級ではうまくいっているものの，過去のいじめやトラブルで受けたダメージが影響しているのかもしれません。

いずれにしても学級ではうまくいっていると思われますので，学校外での適応を把握する必要があります。

具体的な方策としては，たとえば次のようなことが考えられるでしょう。

・話を聞く機会をそれとなくつくり，教師との信頼関係をつくる。
・会話の中で，学校外でのことについて話を聞く。
・話の内容によっては保護者面談や家庭訪問を考える。
・学校外での適応の低さにもかかわらず，学校での頑張りや対人関係を考えれば，豊かな力をもった生徒であり，見守りながら，本人が乗り越えていくのを待つという選択肢もありえる。

(3) 怠学傾向と若干の非行傾向のあるCさん

Cさんは自己中心性が高く，怠学傾向と若干の非行傾向のある中３の女子です。

① 40未満の要支援領域の因子を確認する

40未満は「生活満足感」と「教師サポート」です。その他，40を下回ってはいませんが,「学習的適応」も41ですので，かなり不適応感は強いと思われます。

② 全体的適応感を示す「生活満足感」を確認する

「生活満足感」は40です。XYプロットでは数字がちょうど40のため緑の○になっています。しかし緑の○であってもCさんのようにかなり厳しい状態の児童生徒も混じっていますので，色だけではなく，数字で確認する必要があります。

③ 因子間の相関を踏まえて「生活満足感」の数値を解釈する

「教師サポート」と「学習的適応」が低く，そのことが「生活満足感」の低さに影響しているものと思われますが，学校での友人関係は比較的良好です。これらのことを考えると,「生活満足感」の低さには「教師サポート」と「学習的適応」以外の要因，たとえば親との関係などが反映しているかもしれません。

④ 因子間の相関関係を踏まえて「対人的適応」を考える

「対人的適応」の４因子を見ると実際の友人関係は,「非侵害的関係」も「友人サポート」も平均である50を上回っており，おおむね良好です。ただ,「向社会的スキル」は44とやや低めで,「教師サポート」は39と要支援領域です。

Cさんは自己中心性が高く，怠学傾向と非行傾向も見られれば，教師としては「『対人的適応』は良好だけれども，気の合うメンバー間だけでの狭い範囲の人間関係だし，今後は自己中心性を克服しないと社会に出て通用しない。勉強も手をつけないと受験に間に合わない。なんとかしなくては」と考えるのは当然です。その結果，指導は時には厳しくなるかもしれません。しかし，そのかかわりが自己中心性の高いCさんには通じず，「私だけ指導されている」「先生は私を目の敵にしている」と受け取っている可能性があります。かといって放っておくと「どうせ私なんかいないほうがいいんでしょ」と思い込むかもしれません。いずれにせよ，指導が空回りし，善意でやっている教師のかかわりが曲解されるような状況が生まれている可能性があります。

⑤ 学習に関連する適応を総合的に考える

「学習的適応」もかなり低いです。学力が低いというだけではなく，受験を控えて「自分は高校に行けないのではないか」といった不安が反映しているのかもしれませんし，生活の乱れから「やる気が起きない」状態になっている可能性もあります。

⑥ 相関関係を考えて支援方策を構築する

Cさんには「教師サポート」が届かない状態になっています。39という数字はかなり低いですので，今後サポートしてもすぐには関係は修復しないかもしれません。

具体的な方策としては，たとえば次のようなことが考えられるでしょう。

- ・従来のかかわり方が空回りしている可能性がある。かかわり方を見直す。
- ・勉強もダメ，教師との関係もダメ，家庭でも何かある，というCさんにとっては，学級での友人関係が支えであり，そこが壊れると学校から離脱する可能性が高い。そのことを意識し友人関係をさらに確かなものにするような取組や，友人関係を広げるような取組をしていく。

	適応次元	第1回目	第2回目	第3回目	最終回のコメント	適応次元の特徴
	生活満足感	40			特になし。	生活全体に対して満足や楽しさを感じている程度で，総合的な適応感を示します。
対人的適応	教師サポート	39			教師からの支援感がやや低くなっています。声かけなどを通し様子を確認しましょう。	担任の支援があるとか，認められているなど，担任との関係が良好だと感じている程度を示します。
	友人サポート	52			特になし。	友だちからの支援があるとか，認められているなど，友人関係が良好だと感じている程度を示します。
	向社会的スキル	44			特になし。	友だちへの援助や友だちとの関係をつくるスキルをもっていると感じている程度を示します。
	非侵害的関係	52			特になし。	無視やいじわるなど，拒否的・否定的な友だち関係がないと感じている程度を示します。
	学習的適応	41			特になし。	学習の方法もわかり，意欲も高いなど，学習が良好だと感じている程度を示します。

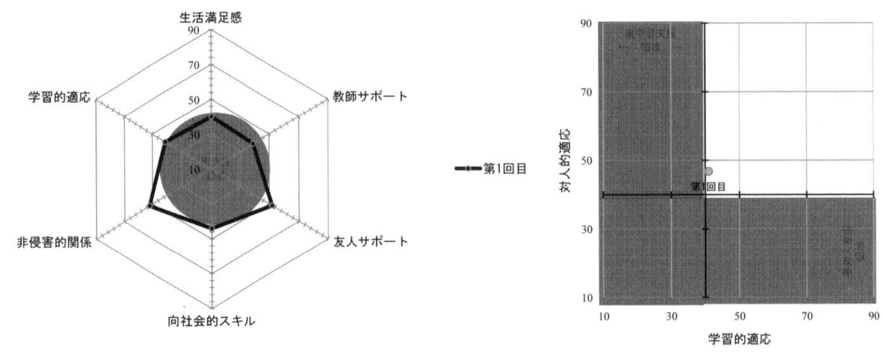

注）得点は標準化した「適応度」で，高いほど適応的であることを示します。左のチャートは，6次元での適応を示し，カラー線が外側に広がるほど，適応しています。オレンジの領域は要支援領域（<40）です。右のプロットは，学習的適応と対人的適応次元での適応を示し，右上ほど適応しています。それぞれオレンジの領域は要支援領域（<40）です。マーカーは，生活満足感の適応度で，要支援は赤の△（<30）とオレンジの◇（<40）で，適応群は緑の○と（≧40）青の○（>50）で示してあります。グラフの読み取り方は，解説書2章，3章を参照してください。

図3-4　Cさんの「個人特性票」

・教師からの直接的なサポートは，拒否される可能性が高い。友人を媒介としてかかわる方法，あるいはCさんが困っている「学習的適応」を促進するための支援——たとえば進路相談——から入る方法が，受け入れられる可能性が高いかもしれない。

3 「学級内分布票」の基本的な読み取り方

「学級内分布票」（図2-11，29ページ参照）のXYプロット（図のⒶの部分）には，学級全員がプロットされています。ですので，一人ひとりの学級内での相対的な位置を理解するとともに，学級全体の傾向を理解する上で有益な情報が得られます。

(1) XYプロットで要学習支援領域と要対人支援領域に属している児童生徒を確認する

XYプロットでは要学習支援領域が図の左側，要対人支援領域が図の下側に黄色く塗られています。この領域に属している児童生徒が支援を必要としていることになります。要学習支援領域に属しているのは誰なのか，どれくらいいるのか，また要対人支援領域に属しているのは誰なのか，どれくらいいるのかを確認します。

また，プロットが左寄りであるほど要学習支援の重要性が高いことになりますので，まずは誰にターゲットをしぼる必要があるかを考えます。同様に，プロットが下にあるほど要対人支援の重要性が高いことを意味しますので，まずは誰を支援のターゲットにする必要があるかを考えます。

(2) XYプロットで「生活満足感」が要支援領域に属している児童生徒を確認する

XYプロット自体は2次元ですが，プロットの色と形で「生活満足感」を4段階で表示しています（因子得点が，30未満は赤い△，30以上40未満はオレンジの◇，40以上50未満は緑の○，50以上は青い○で表示）。つまり，赤の△，オレンジの◇の順で，支援の緊急度が高いことになります。そのような児童生徒は誰なのか，どのくらいいるのかを把握します。「生活満足感」は適応全体を反映している最も重要な因子なので，まずはこの児童生徒をしっかりと把握することが重要です。

「個人特性票」の解説でも述べましたが，6つの因子には相関関係があります。したがって，最も典型的な学級では，斜め左下から右上に向かってプロットされることになりますし，プロットが右上から左下に行けば行くほど，プロットの色は，青から緑，緑からオレンジ，オレンジから赤へと変化していく理屈になります。

したがって，比較的右上にプロットされているのに色が赤やオレンジの場合は，学校外での適応が「生活満足感」の数値を下方へ引っ張っている可能性がありますので，かかわりを検討する必要があります。逆にXYプロットの左端や下端のほうにプロットされているにもかかわらず，色が青である場合は，「生活満足感」を支えるような，当人にとって支えとなる場があったり，何らかの支援が提供されている可能性が高いです。それがリソース（資源）であるし，逆にそこが失われると適応全体が崩れるリスクもあります。

(3) XYプロットで「学習的適応」と「対人的適応」の分布の状態を確認する

次に，XYプロットで，分布の状態を確認します。全体的に見てプロットが右に寄っていれば，「学習的適応」のよい学級，上に寄っていれば「対人的適応」のよい学級ということになります。

(4) 横棒グラフで青と緑の割合を確認する

「学級内分布票」の右側に6種類の横棒グラフがあります（図2-11の[B]）。横棒グラフは，左側から青，緑，オレンジ，赤の順番に塗られています。因子得点が50以上は青，40以上50未満は緑，30以上40未満はオレンジ，30未満は赤で示していますから，横棒の青や緑が多ければ，クラス全体としては適応的であることになります。逆に赤やオレンジが多ければ，クラス全体が適応に問題を抱えていることになります。

アセスでは，どの因子も偏差値と同様に50がほぼ平均になるようにつくられていますので，理論上は，青の領域が約50％を，また青と緑を加えた領域は約84％を占めることになります。したがって，オレンジと赤の領域は約16％ということになります。

ただ，実際には学級に集まってくる児童生徒の特性や，学年，学校，地域等の影響を強く受けますので増減するのが普通です。特に人数の少ない学級では，児童生徒1人が占める％が高くなりますので，課題のある児童生徒が2，3人いるだけで，数値は大きな影響を受けます。ただそれでも，これまでの分析から見ると，青の領域が40％を下回ったり，青と緑を加えた領域が60％を下回るような状態，逆に言えば赤やオレンジが全体の理論値の2倍を超えて40％になるような状態であるとすれば，その学級は，一人ひとりというよりも，学級全体がその因子について適応状態が悪いと考えられます。このような場合，個別的な支援と並行して，学級全体にどのように働きかけるかという観点が重要になってきます。

また，青の領域が全体の60％を超えているのに，赤やオレンジの領域もある程度を占めるような場合は，学級全体の問題というよりも，個別的な問題である可能性が高いと思われます。このような場合は，学級全体というよりは個別的な支援が中心になるでしょう。

ただ，実際には実態とよく照らし合わせることが重要です。たとえば「非侵害的関係」で赤い領域に1名のみが属していて，他の児童生徒は全員が青に属しているような場合，「発達障害のある友人に対して善意で接していることを，当人はいじめと受け取っている」といった可能性が考えられます。その場合は，個別支援と同時に，学級全体に対してかかわり方を教えていくという取組が必要になるでしょう。また，全体で1人をいじめているという可能性も捨てきれません。いずれにしても，実態と照らし合わせて解釈する必要があります。

(5) 相関関係を考えて支援方策を構築する

一人ひとりの学級内での相対的な位置づけと学級全体の傾向を理解できたら，次は支援方策の検討です。

XYプロットでオレンジの◇や赤の△が多く見られる場合には，適応状態が全体として悪いことが考えられますので，支援を厚くしていく必要があります。とりわけ学校外での適応がよくない可能性のある児童生徒が多いようであれば，中・長期的に家庭との連携を図っていくための戦略を立てる必要があるでしょう。たとえば，予防的な観点から保護者会を開催するとか，学級通信を活用するといったことも考えられるでしょう。

また，横棒グラフを見て，赤やオレンジの領域が広くなっている因子があるとすれば，学級全体としてその因子に関する適応感が低いわけですから，中・長期的にどのような介入をしていけばいいか，支援方策を検討する必要があります。

たとえば，いざこざが絶えない学級で，いくら道徳等の時間を用いて規範意識を教えていっても，「向社会的スキル」が低いのであれば，問題は解決しにくいでしょう。問題解決スキルや対立解消スキルを教えるような授業を計画的に実施していくことが望まれます。

また，支援方策を組む場合は，「個人特性票」の解説で述べたのと同じように，因子間の相関関係を意識する必要があります。たとえば「学習的適応」が低い学級で，「友人サポート」も「非侵害的関係」も高いような場合には，35ページでみた“対人関係にかかわる学級経営”は良好ですから，教師が直接的に学習動機づけや学習効力感，あるいは進路意識などを高めるような取組をするほうが有効でしょう。一方，同じように「学習的適応」が低い学級で，「友人サポート」や「非侵害的関係」が低い学級があれば，「友人サポート」や「非侵害的関係」を改善するような取組を意図的に実施していくことで，「学習的適応」を高めることが可能になるでしょう。

4 事例で学ぶ「学級内分布票」の読み取り方

(1) プロットが縦に分散した学級

図3-5の学級は，落ち着いた高校の進学クラスです。

① XYプロットで要学習支援領域と要対人支援領域に属している児童生徒を確認する

まず要学習支援領域に属する生徒は1人もいません。「学習的適応」は良好です。一方で要対人支援領域に属する生徒は15人中4人です。学級内の人間関係に問題がありそうです。

② XYプロットで「生活満足感」が要支援領域に属している児童生徒を確認する

プロットの色と形は全員が緑で○です。したがって「生活満足感」については特に大きな問題はなさそうですが，「一般的には青が約50%」ということからすると，青の生徒がおらず，全員が緑というのは何か問題がありそうな印象です。ただ，オレンジの◇や赤の△はありませんので，深刻度は低く，その点では安定している学級なのかもしれません。

③ XYプロットで「学習的適応」と「対人的適応」の分布の状態を確認する

この学級のXYプロットの特徴は，縦に分散していることです。つまり，学級内の人間関係をうまくやっている生徒と，人間関係で苦戦している生徒とに分かれているということです。また，要学習支援領域に入る生徒はおらず，平均値である50付近に分散していますから，「学習的適応」は問題ないと見ることができます。

④ 横棒グラフで青と緑の割合を確認する

ではどこが問題なのでしょうか。特に「対人的適応」に関連する「教師サポート」「友人サポート」「向社会的スキル」「非侵害的関係」を見てみると，「友人サポート」と「非侵害的関係」で青領域がかなり狭くなっています。特に「非侵害的関係」が一番悪く，青と緑を加えても約60%で，40%の生徒が侵害感をかなりもっているという数値です。「友人サポート」もかなり低いです。「向社会的スキル」については高いとは言えませんが，特別低くもありません。「教師サポート」についてはある程度高く，教師と生徒との信頼関係は成立していると考えてよさそうです。

⑤ 相関関係を考えて支援方策を構築する

以上のことから考えると，この学級はやはり対人関係に問題がありそうです。

全体としては落ち着いていますし，一人ひとりは「向社会的スキル」も普通程度にはあります。「教師サポート」も問題はありません。にもかかわらず「友人サポート」や「非侵害的関係」が低いのは，受験勉強の不安感や焦燥感から余裕を失い，攻撃的

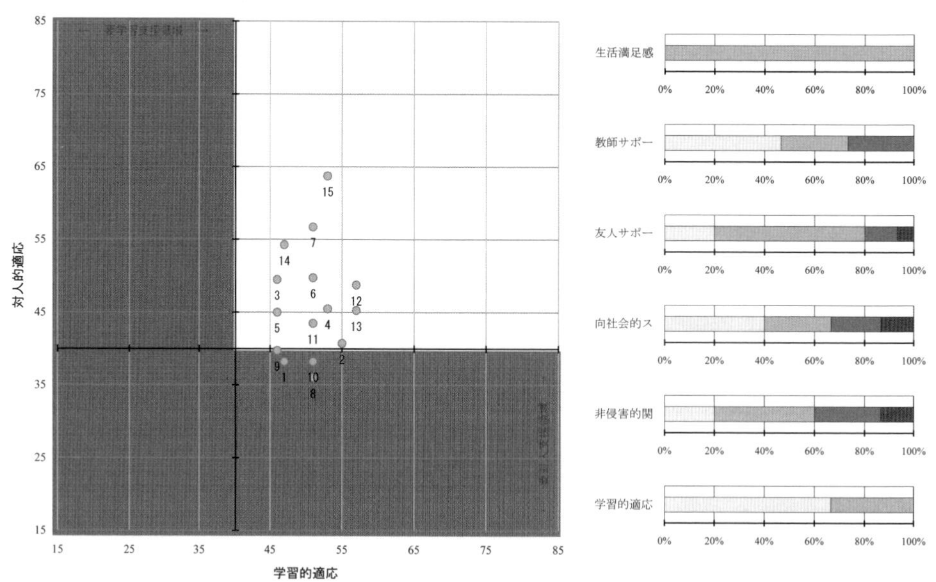

注）得点は標準化した「適応度」で，高いほど適応的であることを示します。プロットは，学習的適応-対人的適応次元での適応を示し，右上ほど適応しています。オレンジの領域は要支援領域（<40）です。マーカーは，生活満足感の適応度を示し，要支援は赤の△（<30）とオレンジの◇（<40）で，適応群は緑の○（≧40）と青の○（>50）で示してあります。グラフの読み取り方は，解説書2，3章を参照してください。

注）6つの尺度ごとに，各適応状態の割合(%)を示したものです。要支援は赤（<30）とオレンジ（<40）で，適応群は緑（≧40）と青（>50）で示してあります。グラフの読み取り方については，解説書2，3章を参照してください。

図3-5　プロットが縦に分散した「学級内分布票」

な面が前面に出てしまっているのかもしれません。学校全体の雰囲気も，受験に向けて生徒を追い立てるようになっていて，それが生徒たちの疎遠でギスギスした関係に拍車をかけている可能性もあります。「友人関係など，今はどうでもいい。それより勉強だ」と生徒が思っていて，「友人サポート」や「非侵害的関係」の低さより，「学習的適応」の高さが「生活満足感」に強く影響しているのかもしれません。一方で，これだけ「友人サポート」と「非侵害的関係」が低いにもかかわらず，「生活満足感」が要支援領域に入る生徒がいなかったのは，一人ひとりを見れば，耐性の高い，しっかりした生徒たちなのでしょう。

こういう学級では，たとえば次のような方策が考えられます。

・受験のストレスを発散するようなリラックスした時間を設ける。
・「非侵害的関係」で深刻度が高い数名に対しては，個別に話す時間を設ける。
・学級でのスポーツ大会のような「友人サポート」の構築を意識した取組を，受験勉強のマイナスにならない程度に取り入れる。
・ストレスマネジメントのスキルトレーニングを取り入れる。
・協同学習的な取組を授業に取り入れる。

(2) プロットが横に分散した学級

図3-6は，ある高校の1年生の学級です。

① XYプロットで要学習支援領域と要対人支援領域に属している児童生徒を確認する

まず要学習支援領域に属する生徒は15人中2名です。一方で要対人支援領域に属す

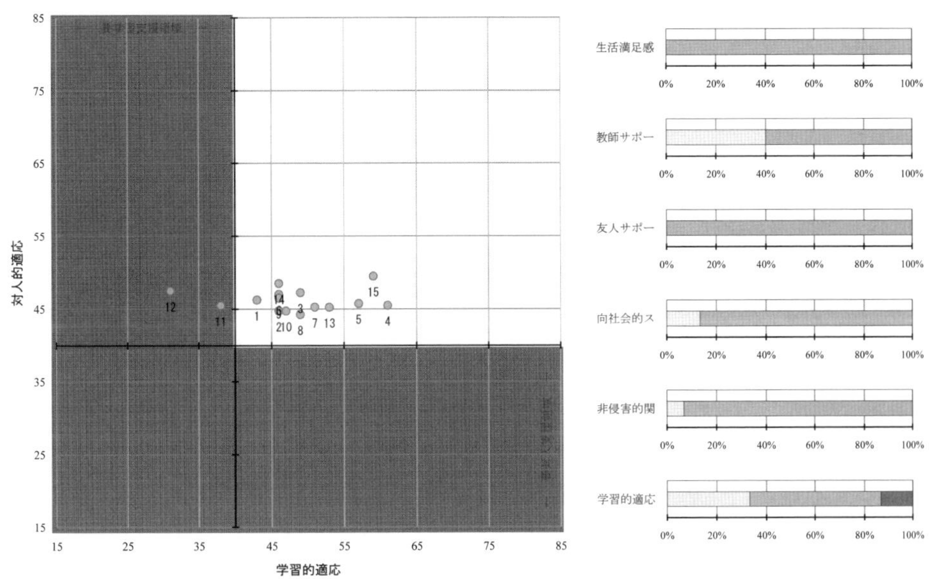

注）得点は標準化した「適応度」で，高いほど適応的であることを示します。プロットは，学習的適応-対人的適応次元での適応を示し，右上ほど適応しています。オレンジの領域は要支援領域（<40）です。マーカーは，生活満足感の適応度を示し，要支援は赤の△（<30）とオレンジの◇（<40）で，適応群は緑の○（≧40）と青の○（>50）で示してあります。グラフの読み取り方は，解説書2，3章を参照してください。

注）6つの尺度ごとに，各適応状態の割合（%）を示したものです。要支援は赤（<30）とオレンジ（<40）で，適応群は緑（≧40）と青（>50）で示してあります。グラフの読み取り方については，解説書2，3章を参照してください。

図3-6　プロットが横に分散した「学級内分布票」

る生徒は１人もいません。

② XYプロットで「生活満足感」が要支援領域に属している児童生徒を確認する

プロットの色と形は全員が緑で〇です。したがって「生活満足感」については特に大きな問題はなさそうですが，これも先の図３-５の学級と同様に，全員が緑というのは何か問題がありそうな印象です。ただ，オレンジの◇や赤の△はありませんので，緊急度は低いと言えるでしょう。

③ XYプロットで「学習的適応」と「対人的適応」の分布の状態を確認する

この学級のXYプロットの特徴は，横に分散していることです。つまり，「学習的適応」に大きな差があり，勉強がうまくいっている生徒とそうでない生徒に分かれているということでです。また，「対人的適応」については要支援領域に入る生徒はいませんが，一方で50を超える生徒もおらず，「人間関係は悪くはないが，よくもなく，どちらかというとおもしろくない」と感じている生徒がほとんどです。

④ 横棒グラフで青と緑の割合を確認する

棒グラフの一番下の「学習的適応」を確認すると，要支援領域に属する児童生徒がいることを示すオレンジの領域が見えます。「対人的適応」に関連する４因子について見てみると，「友人サポート」「向社会的スキル」「非侵害的関係」のほとんどが緑一色に近い状態になっています。その中で「教師サポート」は青の領域が40％あります。特別に高い数値ではありませんが，教師との関係で要支援領域に入っている生徒はおらず，どの生徒とも一定の信頼関係を築いていると言ってよいでしょう。

⑤ 相関関係を考えて支援方策を構築する

この学級は，「あえて言えば勉強についていけない，あるいはやる気が出ないと感じている『学習的適応』感の低い生徒が数名いるが，問題という問題は特に見あたらない」という，とらえどころのない学級のようです。

そんな中，教師がそれなりに頑張っていて生徒たちとも関係を築きつつあるのに，生徒同士の関係はどことなく疎遠です。この原因は，因子間の相関関係を考えると，「向社会的スキル」の低さにあるのかもしれません。「向社会的スキル」は適切かつ効果的に対人関係を調節するスキルですから，「友人サポート」や「非侵害的関係」を促進する基盤となる個人の行動的機能と言えます。この「向社会的スキル」が低いために友人関係を積極的に構築することもできず，学習等で困っているクラスメートにも手をさしのべることもせず，また勉強がわからなくても友だちに聞くこともないのです。そうした生徒たちに，教師は個別にはかかわっていますし，問題が学級で生じればきちんと指導はするので，いじめのような問題もないようです。

こういう学級では，たとえば次のような方策が考えられるでしょう。

・長期的な観点から，「向社会的スキル」を育むような取組を計画的に実施する。
・「友人サポート」の構築を意識した取組を取り入れる。
・協同学習的な取組を授業に取り入れる。
・「学習的適応」の低い生徒に対しては，個別に面接をする。

………… 4章

アセスを用いた校内研修会の進め方

アセスでは，「個人特性票」「学級平均票」「学級内分布表」「学級間分布票」の４種類の結果がプリントアウトできます。４章では，このうち最も使用頻度が高いと思われる「個人特性票」と「学級内分布表」を用いた校内研修会の進め方について解説します。

1 研修会の対象

アセスを用いた研修会は，ある１学級に関係する数名の先生でも実施可能ですし，学年や学校全体でも実施可能です。私（栗原）は数校の先生が集まった大きな会場で行ったことが何回かありますが，何の問題もありませんでした。

ただ，参加者間で情報をやりとりするには，学年の児童生徒の情報を知っている先生が一堂に会する規模がベターでしょう。特に中学校，高校と進むにつれて，各先生は所属学年とは無関係に授業をもっている場合もでてきます。そうしますと，たとえば「２学年に所属しているけれども，３年１組のＡ君は，どんな状態なんだろう」ということを知りたい場合もあるでしょうし，「３年１組のＢさんは，先日気になる行動があったけど，学年の先生に知っておいてほしい」ということもあるでしょう。そうなると，研修会は学校全体でやったほうがいいことになります。

私の経験では，学校全体でアセスを用いた校内研修会ができると，児童生徒理解を共有する上でメリットが大きいという印象です。ただ，学年単位で実施したほうが突っ込んだ論議が可能になるので，児童生徒理解の深さや指導・支援方針を共有する上ではそのほうがメリットが大きい面もあります。ですから目的を明確にし，どのような対象者で実施するかをよく考えて企画する必要があるでしょう。

2 会場

通常の会議室で十分ですが，資料を多少広げて，他の学級の様子を見たりできるようにしたほうがよいでしょう。長机を２つ合わせたり，児童生徒用の机を６～10個並べて学年の島をつくり，学年の先生方がそこに集まって話し合いをしながら進める形にするとよいと思います。

なお，座席は担任と副担任が並んで座るようにします。

3 時間設定

おおむね１時間から１時間30分です。１時間あれば終わりますが，１時間30分あると余裕が生まれ，具体的な対策を考えるなど，有益な時間になります。

理想的なプランは，アセスを用いたアセスメントの意義や目的，活用方法について15分くらい講義をして，その上で１時間の研修，そのあと自分自身の今後の行動計画を考える時間を７～８分設定し，最後に，それぞれの考えたことを７～８分で交流しあうというプランです。

4 事前準備

以下のものを用意しておきます。

①「個人特性票」と「学級内分布表」

データを集めて，コンピューターで「個人特性票」と「学級内分布表」をプリントアウトしておきます。配布は研修会の途中で行います。

② 用紙１「アセス（学校適応感尺度）の結果の検討」（54ページ参照）

学級数分の用紙を用意しておきます。

③ 用紙２「適応感の低い子ども」（55ページ参照）

これも学級数分の用紙を用意しておきます。

④ 筆記用具

各担任の先生には，黒と赤の筆記用具を用意しておいてもらいます。実際は赤と黒でなくても，２色の筆記具であれば何でもかまいません。

⑤ クラス名簿

出席番号と名前がわかるクラス名簿を用意しておきます。各クラスの名簿が２，３枚あると便利です。教務手帳を持参してもらってもいいでしょう。

⑥ 顔写真＋個人票

⑥についてはなくても問題はありませんが，中学校や高校になると学校規模が大きくなり，名前と顔が一致しない場合も出てきます。その際，顔写真の一覧を用意して

おくと便利です。また，対策を練るとき，家族構成などを知りたくなる場合や出身中学校を知りたくなる場合もあります。その際，生徒の個人票があると便利です。

⑦ 本書

困ったらこの本を開きましょう。

5 実施目的

実施目的ですが，以下の３つです。

１．児童生徒についての共通理解を図る。
２．当該児童生徒や学級についての指導・支援方針と具体的方策についての共通理解を図る。
３．アセスの使い方をマスターする。

6 進行上の留意点

① 問題だけでなくリソースを探す

アセスメントと言うと「問題を探し出すこと」というイメージのある人もいるかもしれません。確かにそれは重要なことですが，大切なのは「どうしたら変化させられるか」ということです。そのためには「活用できる資源は何か」という観点が重要です。たとえば「非侵害的関係」の得点や「友人サポート」の得点は低いけれども「生活満足感」がさほど低くない児童生徒がいた場合，どこかに当人をサポートしている人や場があると思われます。そのサポートを教師が把握し，強化することで，当面の危機を乗り越えることにつながるかもしれません。

② 「教師サポート」の得点の低い先生

アセスの開発にあたっては，「自分が児童生徒に低く評価されるのではないか」という懸念から，アセスの実施に抵抗感をもたれる先生がいることを予想しました。実際，結果的に見て「教師サポート」の得点が低い先生がいます。

しかし，教師をしていると感じることですが，そういう先生が教師失格のような人かというと，そんなことはないことがほとんどです。何校かで実施してみてわかってきたのですが，たとえば新任の先生方の中には低い得点になる先生方が少なくありません。しかし，実際には「子どものために」と夜遅くまで頑張っているわけです。また，「学校のために」全力で硬派（？）の生徒指導をしている先生方の中にも，得点が低くなる先生がいますし，「よくそんなにかかわれるな」と感心するほど身を粉にして不登校の子どもにかかわっている先生なのに，得点が低くなる先生もいます。つまり「先生は一生懸命サポートしているのに，『教師サポート』の得点が低い」という現象が起こるわけです。

それはなぜかと言えば，この「教師サポート」は「先生が実際にサポートをしているかどうか」ではなく，「先生がサポートをしてくれていると児童生徒が感じているかどうか」を見ているからです。もし，先生がサポートしていても得点が低いとすれば，先生が一生懸命やっている指導やサポートが生徒に届いていない，つまり空回りしているわけです。

実際，ある先生は「私がいちばん一生懸命かかわっていた数人の生徒が，いちばんサポートされていないと感じていた。ショックだったけど，自分のかかわり方を見直すいいきっかけになった。おかげでその後，ゆっくりいい話し合いができた」と報告してくれました。

アセスの「教師サポート」は，この先生が用いたような使い方がベストです。研修会では，「先生方が一生懸命サポートしていることは前提なんです。アセスの『教師サポート』で見ているのは，そのサポートがうまく相手の心に届いているかどうかをチェックしているわけです」ということを強調してください。

③ 進行

進行につきましては，53ページの「アセスを用いた研修会のモデルプラン」に沿ったかたちで実施されるとよいでしょう。

進行上，最初のポイントは，「(4) 用紙１の設問１・２の実施（担任＋副担任)」です。ここでハイリスク群の児童生徒を洗い出す作業をするのですが，苦もなくこの作業をされる先生もいれば，腕組みをしながら唸っている先生もいます。日常的な観察が反映しているわけです。早く終わった先生の中には（多くは見立てが正確な先生)，隣の先生の「用紙１」をのぞき込みながら，「Ａさん，最近部活とかでも元気がない感じだし，この前も一人で帰っていたんですよ。ひょっとして『友人サポート』が落ちているんじゃないかな」などと鋭い観察コメントを言ったりします。こういうやりとり自体がとても有効ですし，ここでしっかり考えることが児童生徒を観察する力を上げることにつながりますので，少々長めの時間をとります。

初めてアセスを用いた研修会をやる場合，アセスの使い方がよくわからず，「(7)『個人特性票』の読み取り方の説明」と，「(11)『学級内分布表』の読み取り方の説明」に時間がかかってしまうかもしれません。ここを端的に説明できると，研修会がスムーズに流れ，(9) と (14) の「協議」に時間をとることができます。(9) の協議（おもに児童生徒理解の共有が目的）も，（14）の協議（おもに指導方針の共有が目的）も重要なので，しっかり時間を確保したいところです。協議の際は，学年の生徒指導担当者などに司会をしてもらって，みんなの考えを聞くような時間になると，その後の生徒指導の在り方に全体の意見を反映させやすくなると思います。

初めてアセスを用いた研修会をやる場合，研修会をいきなり始めるよりは，ミニ講義をしたほうがよいでしょう。とはいえ「ミニ講義なんて，滅相もない」という方もいらっしゃると思います。そこで参考までに，私がアセスの研修会の際に話すことを紹介しておきます。図４-１は，その際，私がよく使うパワーポイントの資料です。

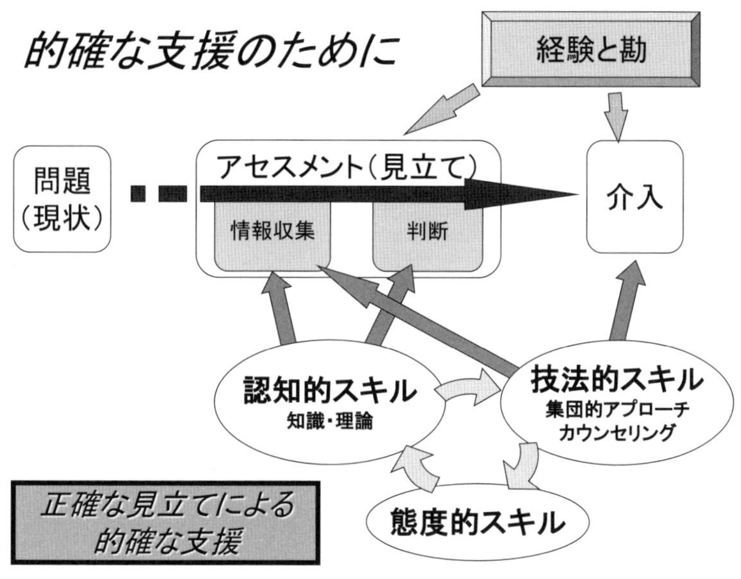

図4-1　アセスメントと教師のスキル

図をご覧ください。かつて子どもたちの問題がまだ複雑でなかった時代は，教師の「経験と勘」で十分にアセスメント（見立て）ができたし，介入についてもそれで特に問題が生じるようなことはありませんでした。しかし，子どもの問題が複雑化・深刻化している現在，それだけでは通用しなくなってきています。

それはお医者さんと同じです。医者も風邪程度の軽い病気であれば，経験と勘で見立ても手当てもできるけれども，重病になるほど，見立てが重要になってきます。見立てが違えば命取りにさえなるからです。だからいろいろな角度から見立てをしていきます。見立てが的確であれば，同じメスでもいい手術ができるのです。

昨今の教育の困難化の中で，教師はどう対処したらいいのかという即効性のある対処技法（ここでは介入）を知りたがる傾向にありますが，それは見立てを曖昧なままにして，「とにかく切れ味のいいメスを」と言っているのと同じようなものです。対処方法も重要ですが，医者と同様に，よい介入をするためには的確な見立てこそが重要なのです。

ではどうしたら的確な見立てができるでしょうか。実は見立ては２つのプロセスから成り立っています。１つは情報収集です。医者が問診だけでなく，聴診器を当てたり，血液検査やＣＴを実施したりするのはそのためです。多面的で豊富な情報が的確な見立てを可能にする土台になるのです。アセスはその１つです。

ただ，情報だけでは十分ではありません。それを判断する必要があります。医師はそれは豊富な症例や理論，知識に照らして判断します。教師も同じです。これからの教師は経験と勘に加えて，知識や理論を少しずつ蓄え，それに照らしてアセスメントする力をつけていく必要があるということです。とりわけ特別支援教育の広がりとともに，アセスメントの重要性は増していると言えます。

また，近年，医療の世界ではインフォームド・コンセントが重視されるようになってきています。本人の合意なしに「医師としてよかれと思ってやったのです」ということは通用しなくなってきていますし，逆にこの点をきっちりしておくことで信頼関係に基づくいい治療が可能になるわけです。考えてみれば教育においても，本人との話し合いで共通のゴールを設定し，共にそこを目指すような関係になれば，信頼関係に基づいた的確な支援ができるように思います。そのためには，たとえば基本的なカウンセリングスキルをある程度使えるようになっていると，生徒の内面にかかわる情報が手に入りアセスメントも的確になりますし，指導や支援も効率的にできるようになります。ただ，今回はカウンセリングスキルについては時間的に無理なので触れません（「ですので，今年度はあと３回，研修会を企画しようと思っています」なんてさらりと言う）。

そのようなわけで，今回の研修会では，アセスをたたき台にしながら，相互に子どもについての情報を出し合って，より的確な児童生徒理解をすることを目的にしたいと考えています。

では今回実施したアセスついて，かんたんにご説明します。アセスで測定しているのは学校適応感で……。

といった具合です。この続きは，本書１章をダイジェストにして話していただければ大丈夫です。

アセスを用いた校内研修会のモデルプラン

	実　施　内　容	
事前	会場設営 用紙１，用紙２，「個人特性票」，「学級内分布表」，クラス名簿の用意	
5分	(1) アセスと適応感についての説明（１章参照） (2) 研修会の目的の説明（４章参照）	
10分	(3) 用紙１とクラス名簿の配布 (4) 用紙１の設問１・２の実施（担任＋副担任）	予測を立てる作業
5分	(5) 用紙２の配布と設問１の実施	
18分	(6)「個人特性票」の配布 (7)「個人特性票」の読み取り方の説明（３章参照） ①40未満の要支援領域の因子を確認する ②全体的適応感を示す「生活満足感」を確認する ③因子間の相関を踏まえて「生活満足感」の数値を解釈する ④因子間の相関関係を踏まえて「対人的適応」を考える ⑤学習に関連する適応を総合的に考える ⑥相関関係を考えて支援方策を構築する (8)「個人特性票」の左上の表を見ながら用紙２の設問２を実施 (9) 協議（子どもの理解を進める）	・６領域で適応感を測定していること ・数値が40未満がSOSであること ・「生活満足感」が全体的適応を示しており特に重要なこと ・予測の当否を確認 ・予測が外れた理由を考える
18分	(10)「学級内分布表」の配布 (11)「学級内分布表」の読み取り方の説明（３章参照） ①XYプロットで要学習支援領域と要対人支援領域に属している児童生徒を確認する ②XYプロットで「生活満足感」が要支援領域に属している児童生徒を確認する ③XYプロットで「学習的適応」と「対人的適応」の分布の状態を確認する ④横棒グラフで青と緑の割合を確認する ⑤相関関係を考えて支援方策を構築する (12) 用紙２の設問３・４の実施 (13) 情報交換 (14) 協議「今後の指導の方向性」（用紙２の設問５の実施）	・「生活満足感」が低い児童生徒は学校外での適応が課題の可能性 ・「学級内分布表」の横棒グラフの読み取り方の説明 ・個に対する支援と学級に対する介入について，学級経営の観点も加味して考える
4分	(15) まとめ 理解・方針・方法の共有の重要性の確認	・できればアンケートを実施

用紙1　アセス（学校適応感尺度）の結果の検討（　年　組）

1　クラスのなかで「特に心配な子ども」をあげて，表の左列の「番号・名前」の欄に書き込んでください。人数は少なくても，多くてもかまいません。

2　表にあげた子どもの「どの側面」を先生は心配していますか。その子どもの「特に心配な面」について，該当する欄に○をつけてください。（いくつでも可）

	子どもは，生活を楽しいと感じておらず，自分にも満足できず，明るく，のびのびした気持ちになれていないのではないか	子どもは，担任（教師）は自分を気にかけてくれないし，認めてくれない，理解してくれないと思っているのではないか	子どもは，話をしたり，自分を理解してくれる友だちや，自分を気にかけてくれる友だちはいないと思っているのではないか	子どもは，自分を，相手の気持ちに立つことが苦手だし，挨拶や思いやりを示すことができないと思っているのではないか	子どもは，友だちは自分を仲間と思っていないし，からかわれたりバカにされたりしていると思っているのではないか	子どもは，学習が難しい・ダメだと感じていて，不安になったり意欲を失っているのではないか
番号 名前	生活満足感	教師サポート	友人サポート	向社会的ｽｷﾙ	非侵害的関係	学習的適応

用紙２　適応感の低い子ども（　　年　　組）

1　用紙１を見ながら「適応の６側面」の欄に○のついた児童生徒の名前を，対応する列に記入してください。

2　配布された「個人特性票」の結果を見て，実際に得点が低かった子どもの名前を赤○で囲ってください。また，名前は書かなかったけれども「個人特性票」で数値が40未満の要支援児童生徒がいれば，名前を赤で記入してください。

６側面	得点の低かった子ども
生活 満足感	
教師 サポート	
友人 サポート	
向社会的 スキル	
非侵害的 関係	
学習的 適応	

3　予想していなかったが得点が低かった子どもたちについて，何か，気づかれましたか。

4　赤○で囲まれた子どもと，赤字で記入された「適応感の低い子ども」の結果を見て，どんな背景や可能性があると思われましたか。

5　これからの支援の方向性と具体的な方策について考えてください。

……… 5章

児童生徒の学校適応を促進するために

1 学校適応支援の現状

これまで，日本の生徒指導や教育相談の領域では，さまざまなアプローチが実践されてきました。その中には，構成的グループエンカウンターのように多くの実践研究が積み重ねられ，学術的に効果が検証されているものも少なくありません。また，そうでないものであっても，これまで実践が積み重ねられてきたということは，実践者である教師が何らかの効果を体感していたことを示唆しています。そういう観点からすれば，どんな取組であっても，これまで継続的に取り組まれてきたさまざまなアプローチには，それなりに効果があると考えてよいでしょう。

そのようなアプローチは，心理学的な背景から生み出されたものばかりではありません。伝統的に行われてきた取組の中にも，学校適応を促進するような仕掛けがたくさんあります。

たとえば遠足や修学旅行，学級でのお楽しみ会，上級生と下級生がペアになる縦割り遠足，運動会や文化祭での出し物の練習などは，私（栗原）が小学校の頃から行われてきたものです。そういえば，私が小学校のときには，今は許されそうにありませんが，学校を休んだ友だちの家に給食のパンを持って行くということになっていて，学校帰りにその友だちの家に寄り道をしたものです。友だちの家では，おばちゃんにお菓子をごちそうになったりしたのですが，これは今思えば，後述する二次的支援のピア・サポート的なものと言ってよいでしょう。

夏休みには，先生が「勉強会をするよ。宿題を持っておいで。栗原君は○○君を誘ってきてね」と言われて，勉強の苦手な○○君とおしゃべりをしながら宿題をやったこともありました。これも今思えば，先生なりの仕掛けだったと思います。先生がアイスキャンディーをおごってくれたことも覚えています。

おごると言えば，私が高校の教師だった頃，次のようなエピソードがあります。

高校３年生の担任のとき，受験をする生徒が放課後，私のいる社会科教室に集まって勉強をするようになりました。受験生はクラスの半分くらいで，12月になると，社会科教室で勉強する生徒の数は，受験生の７～８割になりました。これも今では許されないことだと思いますが，夜の11時過ぎまで15人ほどが連日学校に残って勉強するようになったのです。その雰囲気は殺伐としたものではなく，生徒たちは教え合ったり，問題を出し合ったりしながら，真剣で楽しい雰囲気だったことを思い出します。私も「早く家に帰りたいな～。でも頑張っているから帰れとも言えんしな～」と思いながら，肉まんなどを差し入れたりしていました。財布は痛かったですが，生徒たちと食べた肉まんはおいしかったものです。その肉まんの成果もあってか，浪人した生徒も数名おりましたが，全員が大学進学をしていきました。

なぜ，このような私的な例を出したかと言いますと，日本の学校では，フォーマルであれインフォーマルであれ，実はいろいろな形で学校適応を支援する取組が行われてきたし，今も先生方は，創意工夫をこらしながらそのような取組をされているのだということを確認したかったからです。

2 学校適応支援の課題

しかし，不登校やいじめ，暴力行為など，学校適応にかかわる問題はなかなか改善の兆しを見せません。私はこのことに関して，次のような問題があると思っています。

（1）不十分な意図性と計画性

先生方は，子どもの状態を見ながら次の手を考えたり，起こった事件に対して即応的に対処しています。火事にたとえれば，出火したから，あるいは出火しそうだから手を打っているということです。もちろん，出火したのを見物しているのは論外で，即応的な対処は重要です。しかし，意識をより高いレベルに保ち，火元をその都度チェックしていれば，火事は起こらないかもしれません。そこで重要なのが，火事が起こらないような防災計画を立てることです。

「学校や学級の今の取組で，本当に子どもたちが通いたい学校になるのか？」「ハイリスクの子どもを支えきれるか？」「不登校になりかけた子どもをいち早くキャッチし深刻化を防げるか？」ということを，自分自身に問いかけてみる必要があるでしょう。

（2）コミュニケーションの多様性と絶対量の不足

これまで学校教育相談の領域では，コミュニケーションを促進するためのたくさんの手法が開発されたり，紹介されてきました。こうした取組を実践されている学校や先生方は多くいらっしゃいますし，それなりの効果は当然あるでしょう。しかし，教師は「もっと質の高い，効果的なプログラム」をと求めます。私はここに落とし穴があると思っています。

どういうことかと言いますと，「コミュニケーションがスキルという側面をもっているとすれば，量をこなさない限り，絶対にうまくならない」ということです。勉強でもスポーツでも，量をこなしている人間にはかないません。

私が子ども時代，「今日はコミュニケーションについて勉強します」などという先生は一人もいませんでした。それでも不登校はいませんでしたし，いじめがあっても相手の様子を見てほどほどでやめることをみんな知っていました。おそらくそれは，「多様なコミュニケーションを大量に体験する」ことが可能な時代であり，社会であったからだろうと思います。

「より良質なコミュニケーション」を志向することはもちろん必要で重要です。ただ，その一方で「多様性の重要性」や「量の重要性」を見落としているのではないでしょうか。「多様で，良質なコミュニケーションを，大量に」なのです。特にこのことは，発達的に見て低年齢になるほど当てはまります。

(3) 取組の未構造性

これは（1）の指摘と重なるのですが，石隈（1999）は児童生徒に対する援助サービスを，そのレベルに従って一次的援助サービス，二次的援助サービス，三次的援助サービスの３段階に分けました（図５-１）。これは「すべての子ども」，登校しぶりや学業不振などの課題を抱えるハイリスクな「一部の子ども」，そしてすでに不登校や非行といった問題行動を起こしていたり発達障害があるなどの「特定の子ども」に対応しています。

この一次から三次までの援助サービスという考え方は，さまざまな援助サービス（以下では支援とします）を分類する上で便利な概念で，現在では広く使われるようになっています。ただ，この図をより実践的に活用しようとすると，少々工夫が必要だと考えています。

図５-２をご覧ください。一次的支援と二次的支援から水が漏れています。この水を子どもと見立ててください。

何が言いたいのかと言いますと，どんなに優れた一次的支援をやっても必ず水は漏れます。その子どもは二次的支援の対象となるわけですが，一次的支援と同様に，どのような二次的支援でも水が漏れてしまいます。この二次的支援から漏れた子どもは三次的支援の対象となるわけですが，この三次的支援が最後の砦なので，ここは何があっても漏らしてはいけないのです。しかし，その対象者が多ければ漏れてしまう子どもが出てくるリスクが高くなります。実際，引きこもりなどの社会現象を考えれば，数多くの子どもたちが三次的支援から漏れてしまっていると言わざるをえません。

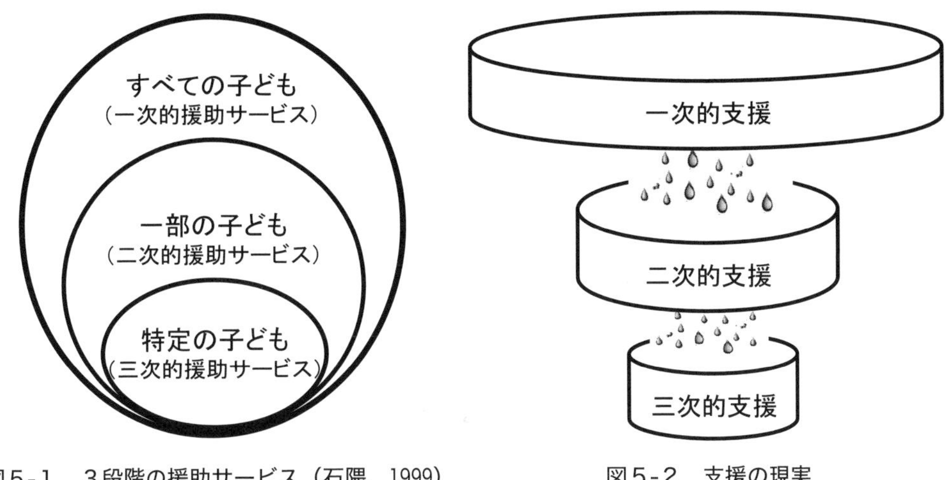

図5-1　３段階の援助サービス（石隈，1999）

図5-2　支援の現実

学校適応支援は，「水が漏れる」という現実を踏まえて，一次的支援から三次的支援までを同時的・構造的に提供する必要があります。ところが実態としては，一次的支援にばかり偏った取組や，逆に三次的支援にばかり偏った取組が行われている学校が少なくないように思います。それは「取組を構造化する」という視点が欠如しているからではないでしょうか。

3 学校適応支援の在り方

（1）マルチレベルアプローチ（Multi Level Approach）

では，子どもたちの学校適応支援は，どのようにする必要があるのでしょうか。どのような取組であっても，子どもの状態もいろいろですし，完璧にできることなどありえません。必ず水が漏れます。このことを前提とすれば，学校がやるべきことは見えてきます。

それは一次から三次までの支援をすべて含んだ形で構造化し，同時に提供するようなプログラムとして展開するということです。私はこのような多層的・同時的・構造的なアプローチを「マルチレベルアプローチ」と名づけています。

このように書くと，何となくすごそうですが，実はそんなことはありません。おそらくうまく学級経営をしている先生や，いじめや不登校も非常に少なくいい雰囲気の学校は，自覚的ではないにせよ「マルチレベルアプローチ」を実践しているはずです。ただ，意図的・計画的なわけではなく，実践している先生のセンスに依存していたりするので，その先生に聞いても「子どもがいいから」とか「何となくうまくいっているんだよね」くらいの返事しか返ってこないかもしれません。

いずれにせよ，このような「マルチレベルアプローチ」を，とりわけコミュニケーションの多様性と量を保障するような取組を中心にしながら，「意図的・計画的」に展開することが必要になってきます。

(2) 全学校的アプローチ (Whole School Approach)

マルチレベルアプローチを，誰が展開するのでしょうか。スクールカウンセラーや生徒指導担当者，あるいは教育相談担当者などでしょうか。それでは一部の関係者による実践になってしまいますから，十分ではないのはおわかりのことと思います。

では，「すべての教師」でしょうか。もちろん，そのとおりです。しかし，それだけでは十分ではありません。これだけ教育が困難を抱えるようになってきている今日，重要なのは，その地域の子どもたちのために，学校に関係するすべての人たち（子どもはもちろん，保護者，地域，教育委員会等を含みます）をリソースとして活用するような方向性が重要になってきます。

このように，担当者が独占的・専門的にかかわるのではなく，全教職員，そして学校に関係するさまざまな人たちが協力して取り組むような在り方を，全学校的アプローチ（訳語がまだ確立していないようなのですが，Whole School Approachの訳です）と言います。

(3) 包括的アプローチ (Comprehensive Approach)

大学の教員になってから，世界のいくつかの国をまわって，生徒指導の取組を見せてもらう機会に恵まれました。紹介されて訪問した学校がほとんどであったことと，訪問先が欧米文化圏の国だったためかもしれませんが，これらの学校の多くが，「包括的アプローチ」を採用していました。

このアプローチは，一部の児童生徒ではなくすべての児童生徒を対象に，治療ではなく全人格的な発達を促進しようとするアプローチです。設定している領域等は実践している学校や地域によって微妙に違いますが，心理・社会的領域，学業的領域，キャリア的領域などが一般的です。この３つの領域における発達を促進していくような取組を，発達段階を踏まえながら長期的なスパンで系統的に展開するものです。

日本の教育システムは，アメリカやカナダなどとはかなり異なっていますので，そのまま取り入れることは困難ですが，このような考え方が世界の主流になりつつあるということは知っておく必要があるでしょう。

(4) ３種類のアプローチの異同

マルチレベルアプローチ，全学校的アプローチ，包括的アプローチの３つのアプローチをご紹介しました。マルチレベルアプローチは私のつくった言葉ですが，この３つは相互に重なりあっています。実際の取組では，一次的支援から三次的支援を多層的・同時的・構造的に展開するマルチレベルアプローチを，全学校的に展開する必要がありますし，それが単に心理・社会的な領域における発達のみを念頭においたものであってはならず，学業的発達やキャリア的発達との関連でとらえられなければならないのは当然です。実際，アセスを構成する６因子の中に「学習的適応感」因子がありますし，この「学習的適応感」には，進路というキャリアにかかわる意識が反映していることからも包括的であることが理解できます。

学校適応支援の方法について，その概略を述べましたが，本気で子どもたちの学校適応支援について考えたら，「包括的アプローチを全学校的に実施せざるをえないし，その具体的な取組はマルチレベルで展開されなければ水が漏れてしまう」ということはご理解いただけると思います。

4 マルチレベルアプローチの実践例

私は2007年度以降に広島市教育委員会と，また2010年度からは岡山県総社市教育委員会と協力して，生徒指導改善プロジェクトに取り組んでいます。直接的には不登校やいじめという喫緊の課題に対処することが目的ですが，ここまで書いてきたことからもおわかりになるように，三次的支援だけでは不十分であると考え，マルチレベルアプローチを採用しています。

図５-３は，総社市で行っているマルチレベルアプローチで，図の右側にある「品格教育」から「ＳＣを活用したチーム支援」までが，マルチレベルアプローチを構成する個々のアプローチです。各学校には，この「すべて」をやっていただくことになっています。

「そんなことが可能なのか」という声も聞こえてきそうですが，可能です。１つ１つのアプローチに相互の関連をもたせ，しかも単純化して「ある程度の研修を積めばほとんどの先生はできるようになる」ことで，１，２年のうちにできるようになっていきます。実際，「はじめに」でも触れたとおり，2007年から２年間，広島市内の４つの中学校と６つの小学校で実践し，小学校６校における24人の不登校児童が９人に（62.5％減少），中学校では64人から55人に（14.0％減少）なりました。数字からもわ

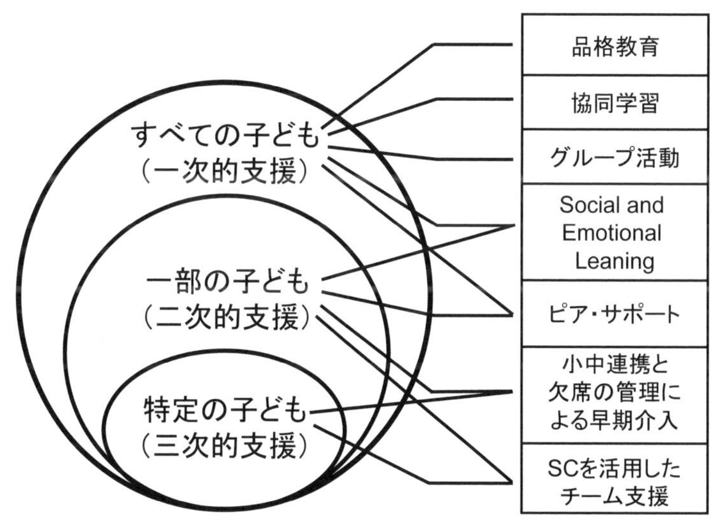

図5-3　マルチレベルアプローチの例（総社方式）

かるとおり，中学校では学校差が生じ，必ずしも期待どおりにはいかない面がありましたが，小学校ではかなりはっきりとした効果が認められましたし，不登校が減少しなかった学校でも，チーム支援が機能し始めたり，10校すべてで児童生徒の侵害感が低下するなどの効果が上がりました。私がかかわった別の取組では，不登校が約80%減少した学校も数校あります。なお，この取組は，『児童・生徒のための学校環境適応ガイドブック――学校適応の理論と実践』（協同出版）にまとめ，紹介してあります。

5 実践プログラムが十分な効果を上げるために

教師集団をスポーツのチームにたとえれば，最近は苦戦続きです。精神性疾患による病気休職者が10年以上増加し続けるなど，戦線離脱に追い込まれる先生方も増えました。どうしたら「子どもたちも，先生も，行きたくなる学校」を創れるのでしょうか。つまり，「勝てる」のでしょうか。

（1）ニーズ分析

職員集団や子ども集団の実態が異なっていれば，学校ごとに異なる内容の「実践プログラム」が必要になるはずです。そのときに重要なのがニーズ分析です。「実践プログラム」を構築する際に，アンケートをとったり，現状を分析することで，問題の所在と子どもたちのニーズを分析し，そこからプログラムの構成要素を考えます。変化は，ニーズが満たされることによって初めて引き起こされるからです。つまり「いいプログラムだから実践する」のではなく，「ニーズを満たすために実践する」のであり，「ニーズが満たされるから変化する」のです。

図5-3の右側にあげた個々のアプローチは，そのニーズを満たすための具体的な取組ですが，アプローチについては教師の得手不得手，学校のニーズなどで変わってきます。実際，広島市での取組では，図5-3とは若干違ったアプローチを取り入れていました。ここにグループカウンセリングや構成的グループエンカウンターなどを入れてもいいですし，クラス会議のような取組も有効でしょう。

（2）研修が教師の専門性とチーム性を支える

スポーツにたとえれば，「実践プログラム」は戦術です。相手が弱ければ，特に練習をしなくても，練られた戦術でなくても勝利を得られます。しかし，相手が強ければ，個々の能力のレベルアップと，チームワークが必要です。手強い相手には，個々の高い力（専門性）とチームワーク（チーム性）のあるチーム（教員集団）が，優れた戦術（実践プログラム）で戦ったときに，初めて勝利を得られるのです。どれが欠けてもダメなのです。

専門性とチーム性を獲得する方法は，端的に言えば「研修」です。研修は時間も割かれますし，困難な状況にある学校ほど，教員の疲労度も高く，負担感も大きくなるため，必要性は感じていても後回しにしがちです。その気持ちはとてもよくわかりますが，練習しないチームは勝てません。研修しない先生や学校はいつまでも力をつけることはできないし，問題に対処できません。なお，職責を遂行するために必要な研修内容は，一般の先生方，行政関係者，管理職，スクールカウンセラー，プロジェクト担当者では異なりますので，研修内容ややり方の工夫が必要です。

(3) 持続可能な生徒指導プログラム

優れた実践をしていたのに，その実践が継承されず，数年たつと元に戻ってしまう学校があります。もちろん，学校の実態は常に変化しますし，それに伴ってニーズも変化しますから，実践も変わっていくべき部分はあってしかるべきです。しかし，継承されていくべき部分が継承できていないなら，それは問題です。

持続可能な生徒指導プログラムとするためには，常に火に薪をくべ続けることが必要です。そうすれば火は消えることなく，いっそう赤々と燃えるのです。結局，この部分が充実していなければ，低い専門性とチーム性にとどまらざるをえず，そうなれば「実践プログラム」が十分な効果を上げることはできず，結果として，取組は消えていく運命になります。

薪とは何でしょうか。研修はその１つですが，それだけではありません。地域や保護者からの支援は，教師の意欲に火をつける強力な力になります。教育委員会からの支援も欠かせません。この薪をどのように集め，どのようにくべ続けるかは，プログラムマネージャーである学校長や教育委員会の方々が担う部分が大きいと言ってよいでしょう。

＊　　＊

表５-１は，広島市での生徒指導改善プロジェクトの担当者会議で使用したチェックリストの改訂版です。広島では小中学校での実践でしたのでこのようになっていますが，学校種によって変更が必要な部分もあるでしょう。ただ，その骨子は理解していただけるものと思います。

おそらく時代の変化とともに，プログラムの構成要素は変わっていくでしょうし，また，そうであるべきです。しかし重要なのは，この「包括的に，全学校的に，マルチレベルで」という考え方自体なのです。

表5-1　マルチレベルアプローチのチェックリスト（試案）

リーダーシップ（管理職・担当者）	
	担当者は，自らの役割を主体的に受け止めている
	担当者自身が積極的に取り組んでいる
	管理職・担当者自身のプロジェクト内容の理解と研修は十分で，専門性において一目置かれる
	担当者は，職員の困難さや必要を察知し，ケアを提供するように心がけ，実際に行動している
	プロジェクトにかかわるリーダーシップを分散させ，一部の人に過重な負担が偏らない仕組みである
	管理職は担当者と考えを一致させ，担当者を具体的に支援している

生徒指導全体	
	プロジェクトの理念・目標・方法を一貫させるための働きかけを継続している
	研修は一般教員のニーズの分析に基づき，体系的に行われている
	研修の量と質は十分である
	研修等は全員参加を徹底し，やむをえない場合もフォローアップ研修を行っている
	指導の基本的在り方は共通理解され，実際に統一されている
	子どもに「主体的に行動するチャンスと場」を保証している

課題のある子どもへの対応	
	「荒れ」ている子どもに対する指導の基本的在り方は共通理解され，実際に統一されている
	当該の子どもには，「怒る・叱る」よりも「根気よく教える」という方向性が教職員で確認されている
	集団指導場面では当該の子どもに過度にかかわりすぎず，他の子どもへのかかわりを大切にしている
	規律指導は全教員が無理なく一致して実践できる内容が決められ，取組のばらつきが少ない
	当該の子どもの交流欲求を満たすかかわりを日常的に提供できている

小中連携	
	スケジュールが調整され，小中連携会議が定期開催できている
	小中学校間で，ピア・サポート的取組の基本的枠組みの調整がなされている
	小中で共有する子ども理解カードがつくられている
	小学校教員の中学校訪問・中学校教員の小学校訪問が計画され実施されている
	全教師による要配慮児童生徒の完全把握と方針の確認がなされている

一次的アプローチ	
	「有用感を感じられる場」を保証する仕組み（例：「6年生担当委員」の設置など）がある
	「ささいな行為の賞賛」が行われる仕組みがある（→自己効力感・有用感）
	感情の交流と理解を促す取組が，計画的に実施されている
	「協同的学習」授業の実践状態を把握する仕組み（例：記録用紙）がある
	「ライフスキルトレーニング」の授業案・カリキュラムづくりが組織的に行われている
	グループカウンセリングが実施されている

二次的アプローチ	
	欠席および累積欠席日数がすぐに把握できる仕組みがある
	30日以内に3日間欠席者への家庭訪問がなされ，その訪問結果を把握する仕組みがある
	スクールカウンセラーによる紙上コンサルテーションの仕組みがある
	コンサルテーション会議にスクールカウンセラーが出席している
	家庭訪問は，支援的である
	コンサルテーション会議でハイリスク児童生徒のアセスメントと支援方針の検討がなされている
	面接週間が，学期に最低1回（できれば2回）確保されている

三次的アプローチ	
	生徒指導・SC・校内適指教室の担当者の定期的会議がスケジュール化され，開催されている
	チーム支援に至るまでの手続き，チーム支援のやり方が明確で，教員が周知している
	常態的に欠席する子どもに対しても，週に1回程度以上の家庭訪問がなされている
	SCの小学校訪問日のスケジュール化がなされている

………付章

アセスの理論的背景と開発手順

1 学校適応の特徴

(1) 適応とは

一般的には「適応」は,「その状況によくかなうこと。ふさわしいこと。あてはまること」(『広辞苑』第5版)を表す言葉です。しかし,具体的に適応した状態とはどのような状態なのかは,わかっているようで,実は明確にされているわけではありません。そこで,ここでは,適応,適応感という用語の説明から始め,学校適応の特徴を整理してみましょう。

大久保(2005)によれば,適応は,個人と環境との相互作用や関係を表す概念であり,「個人と環境との調和」として定義づけられます。この「個人と環境との調和」という定義は,前述の広辞苑の「状況にふさわしいこと」と対応するものになっているようです。そして,適応感は,適応そのものではありませんが,個人の適応の一指標であり,「個人と環境との主観的な関係」のことです。この意味では,個人の主観である適応感は,適応と一致しないこともあるということです。

適応と適応感の違いに関していうと,本書で対象としているのは,客観的な個人と環境との関係,つまり「適応」ではなく,主観的な個人と環境との関係,つまり「適応感」です。

また,大久保(2005)は,次のようなことも指摘しています。

従来の学校への適応に関する研究では,友人との関係も,また教師との関係もよく,学業に積極的に取り組める場合に最も適応していると仮定し,個々の学校環境で何が重視されているかといった学校差を無視している。確かに,友人関係や教師との関係,学業などは，適応感を規定する要因（影響因）であり，これらを測ることで問題がどこにあるのか明確になり，支援を目的とした場合には有益ではある。しかし，たとえば，教師との関係がそれほど重要視されない雰囲気の学校では，教師との関係のよさは適応感に結びつかないこともありえる。

以上のような大久保の指摘を踏まえれば，友人との関係，教師との関係，学業に積極的に取り組めるの３つの要因だけでは，うまく適応感をとらえられない可能性がありそうです。

適応が多様な要因を含むという指摘は他にもあります。たとえば，Perry & Weinstein（1998）は，学校適応が，「学級の知的，社会・情動的，行動的要請への適応を含む多面的な課題である」と指摘しています。また，学校適応状態に関する統一された見解がないと指摘する大対・大竹・松見（2007）は，学校適応を，「個人の行動が，学校環境において強化される状態」と定義した上で，従来の研究を概観し，学校適応が「学業」「社会」「行動」という３つの機能から構成されることを指摘しています。そして，第１水準に子どもの行動的機能があり，第２水準にその行動を強化する環境の効果としての社会的および学業的機能があり，そして第３水準に個人と環境との相互作用の結果としての適応感があるとする三水準モデルを示しています。

（2）適応感尺度

次に，このような多面的である適応感が，実際どのように測定されているのかを見ていくことにしましょう。

前述の適応感を「個人と環境との主観的な関係」ととらえた大久保（2005）は，中高生を対象とした個人と環境の適合性に基づく学校への適応感尺度を開発しています。この尺度は，「居心地の良さの感覚」「課題・目的の存在」「被信頼・受容感」「劣等感の無さ」の４因子から成り立っています。この尺度の作成に際し，自由記述を収集していますが，「適応」という用語の代わりに，個人と環境との関係を強調するような「環境と自分がうまくフィットしている（居場所がある）と感じるとき」という説明文を用いています。個人と環境との関係に関する項目をもとに尺度を構成していますから，４因子とも個人と環境との関係の因子になっています。前述の影響因と合わせて図に表すと，図１に示したようになります。

三水準モデルを示した大対・大竹・松見（2007）は，第１水準の行動的機能では，向社会的行動，社会的スキル，問題行動など，第２水準の学業的機能では，学業達成，学業への興味関心，学業不振，ドロップアウトなど，同じく第２水準の社会的機能では，仲間からの人気，友情の質，ソーシャルサポート，教師との関係など，そして第３水準の学校適応感では，満足感，不安感，達成感，孤独感，ストレスなどを指標の例としてあげています。モデルと指標の例を示しているだけなので，実際にこのモデルに基づいて適応状態を測定するための尺度が示されているわけではありませんが，図２に示したような「満足感」や「不安感」「達成感」「孤独感」「ストレス」などが適応感の尺度に含まれることになりそうです。

このように適応を個人と環境の関係と見る大久保（2005）が，「居心地の良さの感覚」「課題・目的の存在」「被信頼・受容感」「劣等感の無さ」を適応の指標としているのに対し，大対・大竹・松見（2007）は，「個人の行動が，学校環境において強化される状態」と定義し，「満足感」「不安感」「達成感」「孤独感」「ストレス」を指標とするなど，適応が多面的であると考える点では共通性が見られますが，適応の定義や具体的な指標になると，必ずしも一致しているわけではありません。

この他には，「学習面」「心理面」「社会面」「進路面」「健康面」の5側面（飯田・石隈，2002），同級生に好かれているといった「人間関係」，きまりをやぶるといった「逸脱」，学校は楽しいといった「学校好き」の3因子（岩﨑・牧野，2004），「学校生活享受感」尺度や「自己肯定感」尺度（石本，2007）など，逆に学校不適応感尺度では，「友だちとの関係」「先生との関係」「学業場面」の3因子（戸ヶ崎・秋山・嶋田・坂野，1997）と，さまざまな指標が用いられてきています。

しかし，これらの研究から，学校という環境との主観的な関係である適応感は，向社会的行動や社会的スキルといった行動的側面と，学業への興味関心，課題・目的の存在といった学業面，および友人関係や教師関係，社会的サポート，被信頼・受容感といった対人的側面を基盤とした満足感や達成感，居心地の良さだと言い換えること

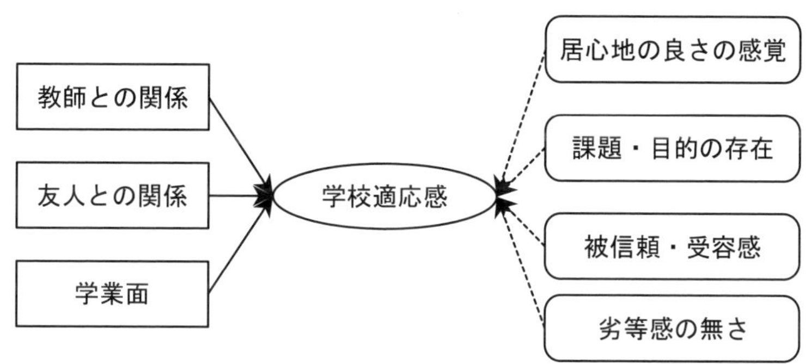

図1　大久保（2005）の学校適応の影響因と尺度

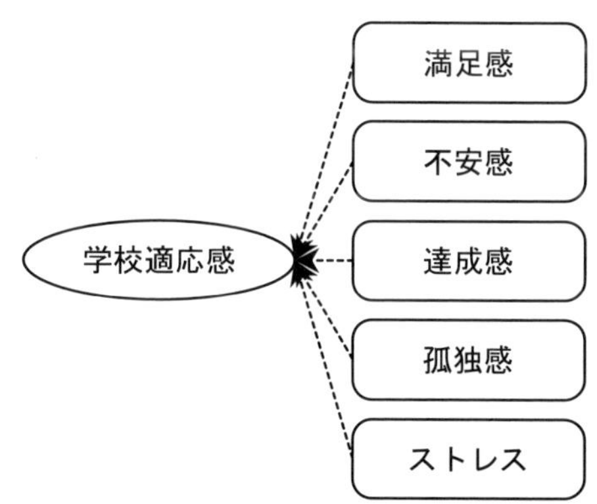

図2　大対・大竹・松見（2007）の学校適応感の指標

ができるでしょう。

(3) 影響因

それでは，このような学校適応感に影響する要因には，どんなものがあるかを見ていきましょう。

岩瀧（2007）は，教師への援助要請スキルと学校生活適応との関連が示されれば，不適応行動の早期発見・早期介入につながるとして，「情緒的表現性」「社会的関係性」および「理性的伝達性」という3つの援助要請スキルと，「友だちとの関係」「教師との関係」「学習」「部活動」にかかわる4つの学校生活適応との関係を調べています。また，学級集団における満足度や対人関係を対象としているこれまでの学校適応の尺度は，特に学級外の友人関係が広がる中学生の学校適応の尺度としてはふさわしくないとして，学校生活についての尺度を用いています。その結果，とりわけ「情緒的表現性」援助要請スキルが学校生活適応と関連することを示しています。

また，大久保（2005）と同じ「居心地の良さの感覚」「課題・目的の存在」「被信頼・受容感」「劣等感の無さ」の4因子からなる適応感尺度を用いて，教師への信頼感と学校への適応感との関連を検討した中本・森・屋良（2007）は，教師や自分自身への高い信頼感が学校適応感を高めることを見いだしています。岡田（2005, 2006）も「友人」「クラス」「教師」「他学年」「学業」「部活」「進路」「校則」という8つの学校生活要因の重要度と評価のズレが，気持ちを素直に出せるといった「欲求開放」と，言われたことはちゃんとできるといった「要請処理」の2側面から見た学校適応に影響することを指摘しています。

この他，多くの研究で，友人や教師，親との関係，部活動，学級雰囲気，あるいはあいさつスキル，友だちづくりスキルなどの社会的スキル・社会的サポートが学校適応に及ぼす影響について検討されています。これらの研究は，友人や教師との対人関係，そしてこのような対人関係を形成・維持していくために必要な対人的スキルが，学校適応に重要な役割をもつことを示唆していると考えられるでしょう。

この対人的スキルの他には，たとえば，動機づけスタイルと学校適応の関係を検討した研究も見られます。Walls & Little（2005）は，「学校適応（school well-being）」「肯定的感情」「否定的感情」「学業成績（school grades）」を適応の指標として用いて，努力や能力，教師といった目的達成のための手段がアクセス可能で利用できるかという信念と，動機づけスタイル，学校適応の三者間の関係を検討しています。その結果は，「動機づけが努力手段の信念を介して適応と関連する」というものでした。この他には，進学動機や通学動機が，学校適応に及ぼす影響に関する研究も見られます。

さらに，親とのコミュニケーションや家族関係などの家庭状況や雰囲気のように，学校環境とは直接関係しない要因が，学校適応に及ぼす影響に関する研究も見られます。

＊　　　　　＊

これまでのさまざまな研究には，学校適応や学校適応感は多面的であると考えている点では共通性が見られますが，具体的な定義や測定尺度は，研究者によって異なり，一致していませんでした。また，学校適応感に影響するさまざまな要因が検討されてきていますが，いくつかの共通する要因も見られ，これらの要因を整理すると，学校適応感がどのような構造をしているのか，そして学校適応感尺度はどのような構造であるのが望ましいのかが見えてきそうです。この点に関しては，次節2で検討していきます。

2 学校適応の構造――影響因から見た適応の構造

先にも述べたように，これまでの研究を整理すると，学校適応が多面的であることは確かのようです。しかし，大対・大竹・松見（2007）が指摘するように，学校適応状態に関する統一された見解がないため，学校適応感尺度がどのような下位尺度を含むべきか，つまり学校適応感の構造は，確定していないと言えるでしょう。しかし，学校適応に影響する要因には，いくつかの共通した要因はあるようですから，それを手がかりに学校適応感の構造を探ってみましょう。

まず，学校適応感ですから，学校環境を構成するさまざまな場面が要因としてあげられています。学校は学習の場ですから，学習への興味関心，動機づけ，学業成績などが要因にあげられています。学習にかかわる要因は，学校適応感に影響する要因であると同時に，学習に興味関心をもち，満足している状態を考えれば，学校適応感の構成要素，すなわち学校適応感の一側面ととらえることができそうです。

次に，学校はたくさんの人がいる場ですから，教師や友人などとの対人関係，そして，このような対人関係を形成し，維持する上で必要な社会的スキルが要因としてあげられています。対人関係の中には，友人ばかりでなく，クラスや学校の雰囲気なども含まれるでしょう。

また，学校環境ではないのですが，家庭の状況や雰囲気も学校適応感に影響する要因と考えられています。つまり，学校環境以外に学校適応感に影響する要因があることになります。

これらの影響因と学校適応感の関係を図で表すと図3のようになるでしょう。図3には，影響因に加えて，大対・大竹・松見（2007）が学校適応感の指標としていた「満足感」や「不安感」「達成感」「孤独感」「ストレス」もあげておきました。これらの要因と指標を組み合わせて考えると，学習面での満足感や不安感や達成感，対人関係への満足感や不満感，家庭環境の影響を受けた学校への満足感や不安感の総体として，学校適応感をとらえることもできそうです。もちろん，学習面と対人関係は，学校環境に含まれるものですから，学校の対人的環境と学校の学習的環境に対する適応

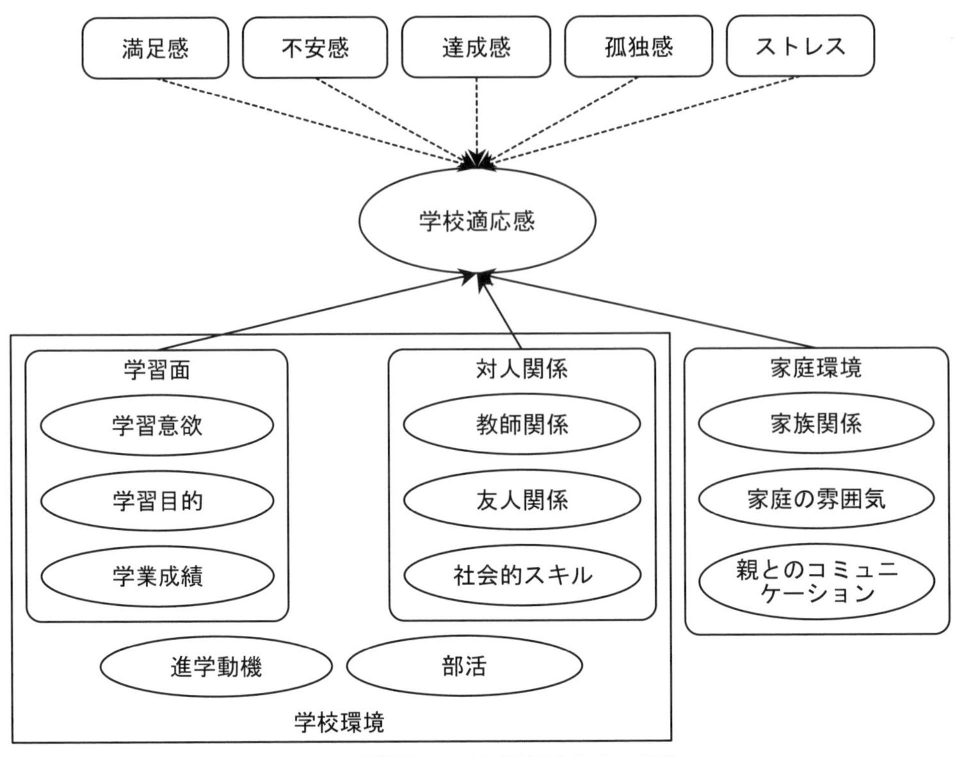

図３　影響因から見た学校適応感の構造

感と言い換えることができ，大久保（2005）が指摘するような「個人と学校環境との調和」としてとらえることが可能です。しかし，家庭環境については，影響因ではありえますが，学校環境ではないため，「個人と学校環境との調和」ととらえるには無理がありそうです。むしろ，これらの要因をとらえることで問題がどこにあるのか明確になり，支援を目的とした場合には有益であるという大久保（2005）の指摘に沿って，学習面での満足感や不安感や達成感，対人関係への満足感や不満感，家庭環境の影響を受けた学校への満足感や不安感を測定するほうが有効だと考えられます。

3 学校適応感（生活満足感）――一般的適応感と領域別適応感

1 2で見てきたように，学校適応感は，「満足感」「不安感」「達成感」「孤独感」「ストレス」の５つの指標（大対・大竹・松見，2007）や，周囲になじめているといった「居心地の良さ」，やるべき目的があるといった「課題・目的の存在」，周りから期待されているといった「被信頼・受容感」，周りに迷惑をかけていないといった「劣等感の無さ」の４つの因子（大久保，2005），さらには，同級生に好かれているといった「人間関係」，きまりをやぶるといった「逸脱」，学校は楽しいといった「学校好き」の３つの因子（岩﨑・牧野，2004），学校へ行くのが楽しみだといった「学校生活享受感」尺度や「自己肯定感」尺度の２つの尺度（石本，2007），「友だちとの関係」「教師との関係」「学習」「部活動」の４側面（岩瀧，2007），「教室での反抗的気分」「教室での不安な気分」「教室でのリラックスした気分」の３つの教室での気分因子と「孤立傾向」「反社会的傾向」の２つの不適応傾向因子（酒井・菅原・眞榮城・菅原・北村，2002）など，さまざまな因子や指標，尺度で測定されています。

これらの因子や尺度には，「達成感」や「課題・目的の存在」「学習」のように学校環境の中でも学習場面と密接に関連したものや，「孤独感」や「被信頼・受容感」「劣等感の無さ」「人間関係」「友だちとの関係」「教師との関係」「部活動」のように学級や学校の対人関係と密接に関連したものが見られます。これらは，いわば，学校環境に密接に関係した学校適応の側面と言えそうです。しかし，一方で，「満足感」や「居心地の良さ」「学校好き」「学校生活享受感」のように学校環境の特定の領域に焦点化しない，全体的な学校適応感と関連するものもあります。

学習場面と関連した因子や尺度は，学習の目的，動機づけ，学業成績といった影響因と関連した適応感を測定すると考えられます。また，同じように，対人関係と関連した因子や尺度は，教師や友人との関係あるいは社会的スキルといった影響因と関連する適応感を測定すると考えられます。これに対して，「満足感」や「居心地の良さ」「学校好き」「教室での反抗的気分」「教室での不安な気分」「教室でのリラックスした気分」「学校生活享受感」のように学校環境の特定の領域に焦点化しない全体的な適応感は，学習面や対人関係，さらには家庭の雰囲気などの学校環境以外の影響因とも関連する適応感を測定するととらえることができるでしょう。

これまでの研究では，学校環境に関連した学習場面や対人関係に対する適応感と，特に学校環境の特定の側面に限定されないより一般的な適応感の，２つのタイプの適応感が測定されてきたと考えられます。

ところで，岩崎・牧野（2004）が指摘するように，「家族システムの機能状態」や「父親とのコミュニケーション」「家族の情緒的関係」「家庭の生活状況」「家庭の雰囲気」などが子どもの学校適応に影響を及ぼすことを考慮すれば，学校適応感の影響因は，学校環境内の場面や活動に限定されない可能性が考えられます。つまり，学習や対人関係に限定した適応感尺度では，実際の適応感を反映しきれない可能性があります。したがって，学校適応感尺度が，特に学校環境に限定されない全体的適応感を含むことは，問題を限定し，適切に支援していく上で有益と考えられます。

＊　　　　＊

学校適応感には，学校環境を構成するさまざまな場面が影響する領域別の適応感とは別に，家庭や地域など学校以外の影響も反映する全体的適応感があり，児童生徒の適応にかかわる問題の発見と支援という視点からは，この全般的な適応感を把握しておくとことが必要になります。

4 従来のアセスメント法

学校適応感を測定する尺度を見ると，表1に示したように，研究者によってさまざまな因子や尺度が用いられています。複数の指標を用いている点では共通していますが，指標そのものには，学校生活に関係するという点以外に，共通して用いられているものは見あたりません。

そして，学校適応感への影響因に関する研究を整理したところ，学校適応感が，学習場面や，クラス，学校の対人関係など，学校環境の場面に応じた要因と，家族の関係など学校環境外の要因の影響を受けることが明らかになりました。すなわち，学習場面，対人関係といった学校環境と家族関係など，学校外環境の影響を反映した適応感を含む学校適応感尺度が必要であることが明らかになりました。

しかし，従来の尺度は，これらの影響因と関係する適応感すべてを反映しているわけではないため，児童生徒の適応の問題をとらえ，支援の手がかりを得るために有効な学校適応感尺度を選ぶことができませんでした。また，研究を目的として開発されているため，得点といった数値で表され，その数値がもつ意味を理解するには，労力が必要なものでした。

そこで今回，このような従来のアセスメント方法の問題点を解決するために，学習場面，対人関係といった学校環境と家族関係などの学校外環境の影響を反映するような多面的な適応感をとらえ，支援の手がかりを得ることができ，また各指標の意味が理解しやすい学校適応感尺度を開発することにしたわけです。

最終的に開発された学校適応感を測る尺度は，「生活満足感」「教師サポート」「友人サポート」「非侵害的関係」「向社会的スキル」「学習的適応」の6つの領域から構成されているので，「6領域学校環境適応感尺度（Adaptation Scale for School Environments on Six Spheres，略してASSESS，通称アセス）」と呼んでいます。各領域の得点は，得点の意味が理解しやすいように，偏差値に準じた値にしてあります。

表1　従来用いられてきた適応の指標の例

研究者	適応感を測るために用いられた指標				
大対・大竹・松見（2007）	満足感	不安感	達成感	孤独感	ストレス
大久保（2005）	居心地の良さ	課題・目的の存在	被信頼・受容感	劣等感の無さ	
岩﨑・牧野（2004）	人間関係	逸脱	学校好き		
石本（2007）	学校生活享受感	自己肯定感			
岩瀧（2007）	友だちとの関係	教師との関係	学習	部活動	
酒井・菅原・眞榮城・菅原・北村（2002）	教室での反抗的気分	教室での不安な気分	教室でのリラックスした気分	孤立傾向	反社会的傾向

5 学校適応感尺度アセスの開発

それでは，学校適応感尺度アセスの開発手順と簡単な結果について説明していきます。

（1）予備尺度の作成

まず，予備尺度の作成手順と簡単な結果について説明します。

① 予備尺度の選定

教育心理学および教育経営学の研究者６名（青木，林，井上，神山，栗原，沖林）が，従来の研究（たとえば，平石，1990）を参考に，各研究者の専門領域の立場から学校適応感を測定するための質問項目を選定し，全員で表現や字句の修正等の検討を行いました。その結果，117項目を選択して，学校適応感に関する予備尺度を作成しました。

② 大学生を対象とした調査

作成した予備尺度を用いて，大学生を対象とした予備調査を行いました。

・調査対象と手続き　2006年５月にＡ大学教育学部２・３年次生242名を対象とした質問紙調査を実施し，229名から有効な回答が得られました。

・質問紙　学校適応感に関する予備尺度（117項目）を用いました。なお，回答に当たって調査対象者には，この調査が小中学生を対象とした調査項目の開発を目的としていることを説明し，小学生あるいは中学生であったときを想起して回答してもらいました。回答形式には，「とてもよくあてはまる」から「まったくあてはまらない」までの５件法を用いました。

・分析結果と予備尺度の再検討　117項目に対して，探索的因子分析（主因子法，解釈可能な６因子についてPromax回転）を行い，一定の基準（因子負荷量.35以上，共通性.30以上）を満たす102項目を残しました。しかし，児童生徒を対象に実施する際には，項目数を削減する必要があると考え，６名の研究者全員で質問項目を再検討し，最終的に82項目からなる児童生徒用の学校適応感に関する予備尺度（以下，児童生徒用学校適応感尺度）を作成しました。

（2）児童生徒用学校適応感尺度の作成

次に，児童生徒用学校適応感尺度の因子構造の確認手順と簡単な結果についてです。

① 小中学生を対象とした調査

作成した質問紙を用いて，小中学生を対象とした調査を行いました。

・調査対象と手続き　2007年５月にＡ県Ａ市の公立小中学校の児童生徒4568名を対象とした質問紙調査を実施し，4112名（小学３年生516名，小学４年生533名，小学５年生521名，小学６年生545名，中学１年生622名，中学２年生681名，中学３年生694名）

から有効な回答が得られました。

・質問紙　児童生徒用学校適応感尺度（82項目）を用いました。なお，回答形式には，「とてもよくあてはまる」から「まったくあてはまらない」までの５件法を用いました。

② 児童生徒用学校適応感尺度の因子構造

児童生徒用学校適応感尺度82項目それぞれの平均と標準偏差を算出し，天井効果（平均値＋標準偏差≧5.00）およびフロア効果（平均値－標準偏差≦1.00）の見られた12項目を以降の分析から除外しました。

・探索的因子分析の結果　残りの70項目に対して，探索的因子分析（主因子法，解釈可能な６因子についてPromax回転）を行い，因子負荷量がすべての因子で.35未満，もしくは複数の因子で.35以上であった17項目は除外しました。各下位尺度を構成する項目数は，第Ⅰ因子12項目，第Ⅱ因子10項目，第Ⅲ因子９項目，第Ⅳ因子５項目，第Ⅴ因子８項目，第Ⅵ因子９項目でした。さらに，児童生徒の負担を考慮し，全体的項目数を少なくするために，各下位尺度を構成する項目数のばらつきをなくし，因子負荷量の高い項目を５つずつ選出しました。表２には，最終的に採択された各因子の５項目を示しています。

・因子の命名　教育現場での実用性を考慮し，得点が高いほど良好な適応状態を示すように因子を命名しました。

第Ⅰ因子は，「気持ちがすっきりとしている」「気持ちが楽である」「生活がすごく楽しいと感じる」「自分はのびのびと生きていると感じる」など，学校内外における全般的な生活への満足感を表す項目が高い因子負荷量を示しました。そこで，「生活満足感」因子と命名しました。

第Ⅱ因子は，「担任の先生は困ったときに助けてくれる」「担任の先生は信頼できる」「担任の先生はわたしのことをわかってくれている」など，教師からの支援や教師との関係を表す項目が高い因子負荷量を示しました。そこで，「教師サポート」因子と命名しました。

第Ⅲ因子は，「友だちは，わたしのことをわかってくれている」「悩みを話せる友だちがいる」「元気がないとき，友だちはすぐに気づいて，声をかけてくれる」など，友人からの支援や友人関係を表す項目が高い因子負荷量を示しました。そこで，「友人サポート」因子と命名しました。

第Ⅳ因子は，「友だちにいやなことをされることがある」「友だちから無視されることがある」「友だちにからかわれたり，バカにされることがある」など，否定的な友人関係を表す項目が高い因子負荷量を示しました。友だちからの援助を受けていないととらえると，第Ⅲ因子の「友人サポート」に似た項目ですが，１つにまとまらずに別の因子となったことから，学校適応感における否定的な友人関係の重要性に注目する必要があると思われます。しかし，このままでは，得点が高いほど否定的な友人関係があると感じていることになり，得点が高いほど適応している他の因子と逆になります。そこで，５項目すべての得点を逆転させ，得点が高いほど，否定的な友人関係がないと感じている因子にしました。それに合わせて，名前を「非侵害的関係」因子と命名しました。

第Ⅴ因子は，「友だちや先生に会ったら，自分からあいさつをしている」「あいさつはみんなにしている」「困っている人がいたら，進んで助けようと思う」など，友人に働きかける傾向を表す項目が高い因子負荷量を示しました。そこで，「向社会的スキル」因子と命名しました。

第Ⅵ因子は，「授業がよくわからないことが多い」「勉強のやり方がよくわからない」「勉強の問題が難しいとすぐにあきらめてしまう」など，学習意欲や学習方法に対する意識を表す項目が高い因子負荷量を示しました。そこで，「学習的適応」因子と命名しました。

・**確認的因子分析**　探索的因子分析で最終的に採択された各因子５項目の児童生徒用学校適応感尺度の因子構造を確認するために，逆転項目の処理を行ったあとで，確認

表２　学校適応感尺度の因子

因　子	項　目	探索的因子分析 因子負荷量	確認的因子分析 パス係数
【第Ⅰ因子】 生活満足感	気持ちがすっきりとしている	.77	.73
	気持ちが楽である	.72	.76
	生活がすごく楽しいと感じる	.64	.76
	自分はのびのびと生きていると感じる	.63	.67
	まあまあ，自分に満足している	.57	.52
【第Ⅱ因子】 教師サポート	担任の先生は困ったときに助けてくれる	.88	.82
	担任の先生は信頼できる	.81	.79
	担任の先生はわたしのことをわかってくれている	.77	.80
	担任の先生はわたしのいいところを認めてくれている	.74	.80
	担任の先生は，わたしのことを気にしてくれている	.72	.74
【第Ⅲ因子】 友人サポート	友だちは，わたしのことをわかってくれている	.78	.78
	悩みを話せる友だちがいる	.74	.70
	元気がないとき，友だちはすぐ気づいて，声をかけてくれる	.73	.75
	「いいね」「すごいね」と言ってくれる友だちがいる	.72	.72
	いやなことがあったとき，友だちは慰めたり励ましたりしてくれる	.63	.72
【第Ⅳ因子】 非侵害的関係	友だちにいやなことをされることがある●	.77	.72
	友だちから無視されることがある●	.68	.68
	友だちにからかわれたり，バカにされることがある●	.58	.63
	仲間に入れてもらえないことがある●	.55	.60
	陰口を言われているような気がする●	.55	.59
【第Ⅴ因子】 向社会的スキル	友だちや先生に会ったら，自分からあいさつをしている	.73	.64
	あいさつはみんなにしている	.69	.62
	困っている人がいたら，進んで助けようと思う	.67	.74
	落ち込んでいる友だちがいたら，その人を元気づける自信がある	.58	.69
	相手の気持ちになって考えたり行動する	.36	.59
【第Ⅵ因子】 学習的適応	勉強のやり方がよくわからない●	.76	.75
	授業がよくわからないことが多い●	.76	.76
	勉強の問題が難しいとすぐにあきらめてしまう●	.66	.67
	勉強について行けないのではないかと不安になる●	.62	.64
	自分は勉強はまあまあできると思う	-.56	.57

注）●印は逆転項目を示しています。

的因子分析（Amosによる共分散構造分析）を行いました。パス係数を示した表２からわかるように，６つの因子からそれぞれ該当する項目が影響を受け，すべての因子間に共分散構造を仮定したモデルで分析したところ，高い適合度（GFI = .930, AGFI = .916, RMSEA = .049）を示しました。

（3）下位尺度間相関と信頼性

ここでは，児童生徒用学校適応感尺度の下位尺度相関と信頼性検討の手順と簡単な結果について説明します。

表３に示すように，６つの下位尺度得点を算出し，下位尺度間の相関関係（Pearsonの相関係数）を検討したところ，「教師サポート」と「非侵害的関係」,「友人サポート」と「学習的適応」,「非侵害的関係」と「向社会的スキル」以外は，弱いあるいは中程度の正の相関を示しました。

また，各下位尺度の信頼性を検討するためにCronbachのα係数を算出したところ，「生活満足感」因子でα = .82,「教師サポート」因子でα = .89,「友人サポート」因子でα = .85,「非侵害的関係」因子でα = .79,「向社会的スキル」因子でα = .78,「学習的適応」因子でα = .81といずれも十分な値を示しました。

（4）児童生徒用学校適応感尺度の妥当性

児童生徒用学校適応感尺度の妥当性の確認手順と簡単な結果について説明します。

① 調査対象と手続き

2008年１月にＡ県Ａ市の公立小中学校の児童生徒4644名を対象とした質問紙調査を実施しました。その結果，4454名（小学３年生510名，小学４年生595名，小学５年生591名，小学６年生570名，中学１年生724名，中学２年生719名，中学３年生745名）

表３　因子間の相関と信頼性係数

	Ⅰ	Ⅱ	Ⅲ	Ⅳ	Ⅴ	Ⅵ	*M*	*SD*	α
【第Ⅰ因子】生活満足感	-	.45	.50	.34	.43	.32	3.54	.90	.82
【第Ⅱ因子】教師サポート		-	.39	.11	.42	.26	3.64	.95	.89
【第Ⅲ因子】友人サポート			-	.37	.52	.14	3.85	.91	.85
【第Ⅳ因子】非侵害的関係				-	.10	.24	3.31	.98	.79
【第Ⅴ因子】向社会的スキル					-	.22	3.65	.79	.78
【第Ⅵ因子】学習的適応						-	3.26	1.00	.81

注）すべての下位尺度間の相関関係は，p<.001にて有意です。

から有効な回答が得られました。

② 質問紙

児童生徒用学校適応感尺度の妥当性を検討するためには，類似する尺度と相関するのかを確認しなければなりません。そこで，以下の尺度を用いました。

(a) 児童生徒用学校適応感尺度（全30項目）。回答形式には，「とてもよくあてはまる」から「まったくあてはまらない」までの5件法を用いました。

(b) STAI日本語版（清水・今栄，1981）の状態不安尺度（全20項目）。回答形式には，「まったくそうである」から「まったくそうでない」までの4件法を用いました。

状態不安尺度は，不安を喚起する事象に対する一時的な状況反応を測定しており，得点が高いほど不安状態であることを示しています。本尺度との関連を考えると，学校適応感が高いことは不安状態にないことを示していると考えられ，本尺度と状態不安尺度には，負の相関関係があることが予測されます。したがって，2つの尺度間に負の相関が示されれば，本尺度の（併存的）妥当性が確認されます。

③ 結果

表4に示すように，児童生徒用学校適応感尺度の6つの下位尺度得点と状態不安尺度の合計得点を算出し，6つの下位尺度と状態尺度の相関関係（Pearsonの相関係数）を全体・学年別に検討したところ，すべての下位尺度と状態尺度との間で，-.216から-.655という弱いあるいは中程度の負の相関を示しました。特に，全体的な適応感である「生活満足感」因子と状態不安尺度との相関は，他の「教師サポート」「友人サポート」「非侵害的関係」「向社会的スキル」「学習的適応」因子と状態不安尺度との相関に比べ，大きな負の値を示しました。状態不安は，特定の領域に限定されたものではないので，個々の学校環境を反映する他の5因子よりも，全体的な適応感である「生活満足感」との相関が大きいことは，適応感尺度の構造と対応しています。

つまり，STAIの状態不安尺度との関係から，本尺度の（併存的）妥当性が示され

表4　学年別の状態不安尺度との相関

学年	生活満足感	教師サポート	友人サポート	非侵害的関係	向社会的スキル	学習的適応
小学3年生	-.551	-.344	-.370	-.433	-.317	-.428
小学4年生	-.647	-.414	-.521	-.456	-.426	-.444
小学5年生	-.577	-.247	-.336	-.338	-.332	-.360
小学6年生	-.633	-.216	-.368	-.415	-.273	-.310
中学1年生	-.633	-.216	-.368	-.415	-.273	-.310
中学2年生	-.639	-.262	-.275	-.375	-.264	-.329
中学3年生	-.655	-.240	-.318	-.375	-.254	-.314
全体	-.609	-.301	-.372	-.401	-.319	-.376

注）すべての下位尺度間との相関関係は，p<.001にて有意です。

ました。

＊　　　　　＊

以上の分析で得られた結果をまとめます。

まず，探索的因子分析および確認的因子分析の結果から，「生活満足感」「教師サポート」「友人サポート」「非侵害的関係」「向社会的スキル」「学習的適応」の６因子で学校適応感をとらえられること，また，この６因子構造の適合度は高いことが明らかになりました。さらに，状態不安との関係などから，本尺度が十分な信頼性と妥当性を有した尺度であることが明らかとなりました。

本尺度は，学校適応感を６領域から測定する尺度であることから，「６領域学校環境適応感尺度（Adaptation Scale for School Environments on Six Spheres，略してASSESS，通称アセス）」と命名することにしました。

平石賢二（1990）「青年期における自己意識の発達に関する研究（Ⅰ）―自己肯定性次元と自己安定性次元の検討」名古屋大學教育學部紀要（教育心理学科），37，217-234.

飯田順子・石隈利紀（2002）「中学生の学校生活スキルと学校適応の関連」日本教育心理学会総会発表論文集，497.

石本雄真（2007）「友人関係スタイルが学校適応，心理的適応に及ぼす影響」日本教育心理学会総会発表論文集，125.

岩﨑香織・牧野カツコ（2004）「小・中学生の家庭生活と学校適応―JELS2003報告（3）」日本教育社会学会大会発表要旨集録，2-3.

岩瀧大樹（2007）「中学生の教師への援助要請スキルに関する調査研究―学校生活適応との関連に注目して」昭和女子大学大学院生活機構研究科紀要，16，85-98.

中本裕揮・森司朗・屋良朝栄（2007）「高校生における教師に対する信頼感と学校適応感の関係」鹿屋体育大学学術研究紀要，35，1-13

大久保智生（2005）「青年の学校への適応感とその規定因―青年用適応感尺度の作成と学校別の検討」教育心理学研究，53，307-319.

大対香奈子・大竹恵子・松見淳子（2007）「学校適応アセスメントのための三水準モデル構築の試み」教育心理学研究，55，135-151.

岡田有司（2005）「中学生用学校生活評価尺度の作成―性差と学年差の検討」日本パーソナリティ心理学会大会発表論文集，147-148.

岡田有司（2006）「中学生の学校生活要因に対する重要度認知・評価得点のズレと学校への心理的適応」日本パーソナリティ心理学会大会発表論文集，94-95.

Perry, K. E. & Weinstein, R. S.（1998）The School context of early schooling and children's school adjustment. *Educational Psychologist*, 33, 177-194.

酒井　厚・菅原ますみ・眞榮城和美・菅原健介・北村俊則（2002）「中学生の親および親友との信頼関係と学校適応」教育心理学研究，50，12-22.

清水秀美・今栄国晴（1981）「State-Trait Anxiety Inventoryの日本語版（大学生用）の作成」教育心理学研究，29，62-67.

戸ヶ崎泰子・秋山香澄・嶋田洋徳・坂野雄二（1997）「小学校用学校不適応感尺度開発の試み」ヒューマンサイエンスリサーチ，6，207-220.

Walls, T. A. & Little, T. D.（2005）Relations among personal agency, motivation, and school adjustment in early adolescence. *Journal of Educational Psychology*, 97, 23-31.

<参考文献>

本書で取り上げたアプローチ等について解説してある書籍をいくつか紹介します。

<広島市で行ったマルチレベルアプローチと学校適応について>

石井眞治・井上弥・沖林洋平・栗原慎二・神山貴弥編著（2009）『児童・生徒のための学校環境適応ガイドブック―学校適応の理論と実践』協同出版

<包括的アプローチについて>

C．キャンベル・C．ダヒア著，中野良顯訳（2000）『スクールカウンセリング スタンダード―アメリカのスクールカウンセリングプログラム国家基準』図書文化社

米国スクール・カウンセラー協会著，中野良顯訳（2004）『スクール・カウンセリングの国家モデル―米国の能力開発型プログラムの枠組み』学文社

<協同学習について>

D．W．ジョンソン他著，杉江修治他訳（1998）『学習の輪―アメリカの協同学習入門』二瓶社

ジョージ・ジェイコブズ他著，伏野久美子他訳（2005）『先生のためのアイディアブック―協同学習の基本原則とテクニック』日本協同教育学会

<ピア・サポートについて>

中野武房・森川澄男他編著（2008）『ピア・サポート実践ガイドブック―Q＆Aによるピア・サポ－トプログラムのすべて』ほんの森出版

中野武房・森川澄男編集（2009）『現代のエスプリ』No.502「ピア・サポ－ト―子どもとつくる活力ある学校』ぎょうせい

<社会性と情動を育てる集団的なアプローチについて>

M．J．イライアス他著，小泉令三編訳（2000）『社会性と感情の教育―教育者のためのガイドライン39』北大路書房

田上不二夫編著（2003）『対人関係ゲームによる仲間づくり―学級担任にできるカウンセリング』金子書房

國分康孝監修，清水井一編集（2006，2007）『社会性を育てるスキル教育35時間（小学１年生～中学３年生)』図書文化社

坂野公信監修，日本学校GWT研究会著（1989）『学校グループワーク・トレーニング』遊戯社

諸富祥彦監修，森重祐二著（2010）『クラス会議で学級は変わる！』明治図書

<校内体制・チーム支援体制等について>

石隈利紀・山口豊一・田村節子編著（2005）『チーム援助で子どもとのかかわりが変わる―学校心理学にもとづく実践事例集』ほんの森出版

栗原慎二著（2002）『新しい学校教育相談の在り方と進め方―教育相談係の役割と活動』ほんの森出版

石隈利紀著（1999）『学校心理学―教師・スクールカウンセラー・保護者のチームによる心理教育的援助サービス』誠信書房

Google フォームを使って アセスを実施するための マニュアル

GIGAスクール構想での１人１台端末の流れの中で，「アセスをGoogleフォームやMicrosoft Formsなどのアンケートフォームにして児童生徒に入力してもらっている」という声を聞くようになりました。そこで，「アセスのアンケート用紙をGoogleフォームやMicrosoft Formsにして実施するための情報」を提供します。ただし，アンケート用紙をプリントアウトして実施する場合と同様，アンケート結果の流失等に伴う問題に関しましては，編著者および発行者・発行所は一切の責任を負いません。これまでと同様，個人情報の管理には十分ご留意ください。

ここではGoogleフォームを使った場合を説明します。Microsoft Formsを使う場合のマニュアルは，アセスのファイルと一緒にダウンロードできますので，そちらをご覧ください。

まず，アセスのアンケート用紙をGoogleフォームでつくっていきます。

①ほんの森出版のホームページの『ダウンロード版　アセスの使い方・活かし方』のページからダウンロードした，**「アセスのアンケート用紙作成のための文字データ」**（ワードファイル）を開いておきます（小中版・高校版から適宜選択）。以下，「コピペしてください」は，すべて，このワードファイルからのコピペになります。

②Googleフォームを開きます。

③「新しいフォームを作成」で大きな＋のアイコンをクリックします。

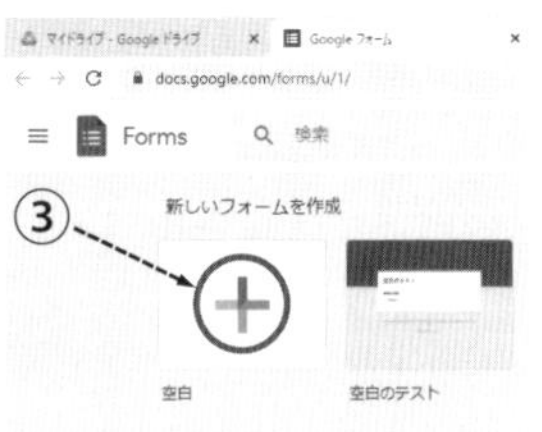

④**アンケートのタイトル作成**　「無題のフォーム」の欄に「学校生活に関するアンケート」をコピペします。

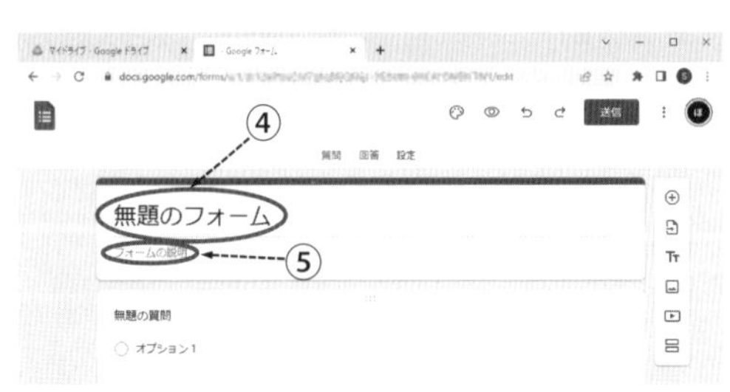

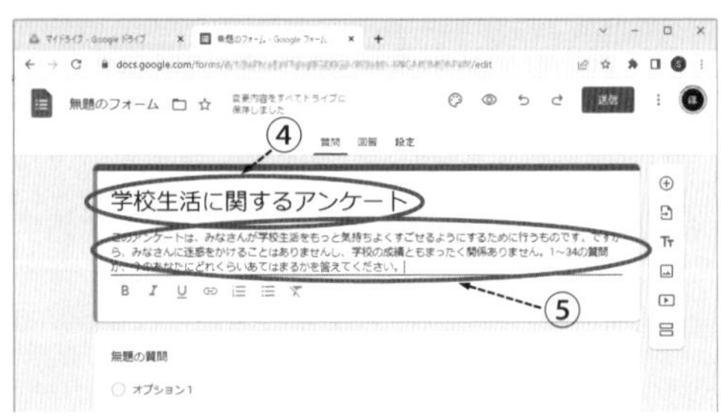

⑤**アンケートの説明文の作成**　「フォームの説明」の欄に「このアンケートは，……」以下の文章をコピペします。

⑥**【学年】の質問文の作成**　「無題の質問」の欄に【学年】をコピペします。
中学校の場合は「＊中学１年生は７を，中学２年生は８を，中学３年生は９を選んでください。」を，高校の場合は「＊高校１年生は10を，高校２年生は11を，高校３年生は12を選んでください。」もコピペします。

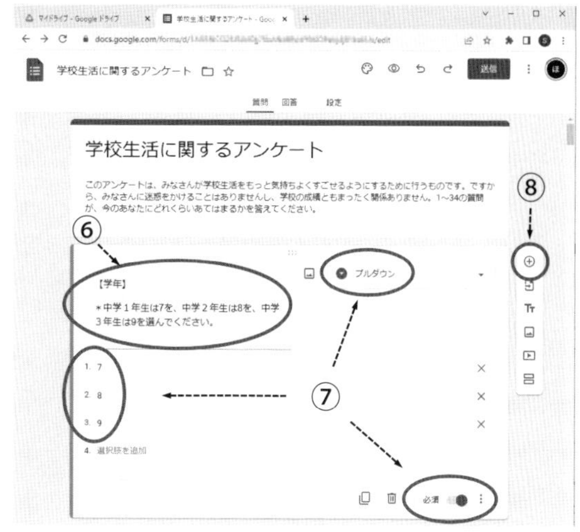

⑦**【学年】の回答欄の作成**　回答方式（初期設定では「ラジオボタン」などとなっている）を「プルダウン」にし，「選択肢を追加」しながら，小学校の場合は「３」「４」「５」「６」を，中学校の場合は「７」「８」「９」を，高校の場合は「10」「11」「12」を打ち込み，右下の「必須」ボタンを有効にしてください。必須項目にすると，質問文の末尾の右上に赤色の「＊」マークが付きます。

⑧**【組】の質問文の作成**　右側の＋（質問を追加）のアイコンをクリックして，「質問」の欄に【組】をコピペします。必要に応じて「＊学級名がＡ，Ｂ，Ｃなどの場合は，１，２，３と置き換えて選んでください。」などの注記もコピペします。

⑨**【組】の回答欄の作成**　回答方式を「プルダウン」にし，「選択肢を追加」しながら，各学校の状況に応じて「１」「２」「３」「４」「５」などの学級番号を打ち込み，右下の「必須」ボタンを有効にしてください。

⑩**【性別】の質問文の作成**　右側の＋（質問を追加）のアイコンをクリックして，「質問」の欄に【１：男・２：女】をコピペします。

⑪**【性別】の回答欄の作成**　回答方式を「プルダウン」にし，「選択肢を追加」しながら，「１」と「２」を打ち込みます。なお，アセスでは性別は必須項目ではありませんが，男女別に１番から番号が振られている場合には，男の１番と女の１番を区別する必要があります。そのような場合は，右下の「必須」ボタンを有効にしてください。

⑫**【出席番号】の質問文の作成**　右側の＋（質問を追加）のアイコンをクリックして，「質問」の欄に【出席番号】と「＊出席番号を選択してください。」をコピペします。

⑬**【出席番号】の回答欄の作成**　回答方式を「プルダウン」にし，「選択肢を追加」しながら，各学級の状況に応じて「１」「２」「３」……と出席番号を打ち込み，右下の「必須」ボタンを有効にしてください。アセスは無記名のアンケートで，出席番号で子どもたちを識別

しています。アセスのアンケート実施の際には，出席番号の誤りがないか確認することをおすすめします。

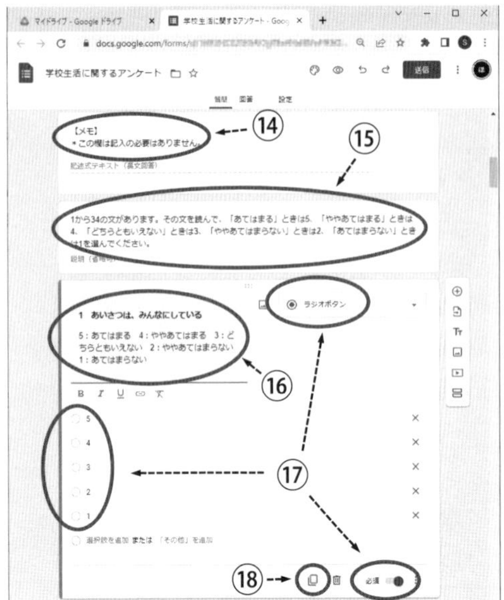

⑭**【メモ】の欄の作成**　右側の＋（質問を追加）のアイコンをクリックして，「質問」の欄に【メモ】と「＊この欄は記入の必要はありません。」をコピペします。この項目は，アセスにアンケート結果を貼り付ける際に必要となるもので，子どもたちの回答は必要ありません。

⑮**回答に関しての説明文の作成**　右側の TT（タイトルと説明を追加）のアイコンをクリックし，「無題のタイトル」の部分に「1から 34 の文があります。その文を読んで，……」以下の文章をコピペします。

⑯**アセスの質問文の作成**　右側の＋（質問を追加）のアイコンをクリックして，「質問」の欄に，アセスの質問項目の1をコピペします。

1　あいさつは，みんなにしている

5：あてはまる　4：ややあてはまる　3：どちらともいえない　2：ややあてはまらない　1：あてはまらない

質問文は太字（B）にして，数字の凡例と差をつけることをおすすめします。

⑰**質問文に対する回答欄の作成**　回答方式を「ラジオボタン」にし，「選択肢を追加」しながら，「5」「4」「3」「2」「1」の5つの選択肢を設定し，右下の「必須」ボタンを有効にしてください。

⑱**質問文・回答欄をコピーで作成**　下部の「コピーを作成」のアイコンをクリックし，⑯⑰でつくった質問項目をコピーします。「**1　あいさつは，みんなにしている**　5：あてはまる　4：ややあてはまる　3：どちらともいえない　2：ややあてはまらない　1：あてはまらない」の部分を，「**2　担任の先生は，私のことをわかってくれている**　5：あてはまる　4：ややあてはまる　3：どちらともいえない　2：ややあてはまらない　1：あてはまらない」で上書きコピペします。

⑲以下，34 までの質問文を⑱の方法でつくっていきます。

⑳1～34 までの質問文で抜けや重複がないか確認します。

㉑**アンケート末尾の説明文の作成**　右側の TT（タイトルと説明を追加）のアイコンをクリックし，「無題のタイトル」の部分に「ぬけているところがないか，もう一度，確かめてください。」の文章をコピペします。

㉒右上の「目のアイコン」（プレビュー）をクリックし，全体を確認し，必要に応じて修正します。

★以上でアセスのアンケート用紙の作成は終了です。

次に，アンケートの実施と集計についての設定です。

㉓**スプレッドシートの作成**　「回答」のタブ内の「スプレッドシートにリンク」をクリックし，「新しいスプレッドシートを作成」を選択し，「○年○月アセス第１回○年○組」などと必要に応じて名前を変更し，「作成」をクリックします。

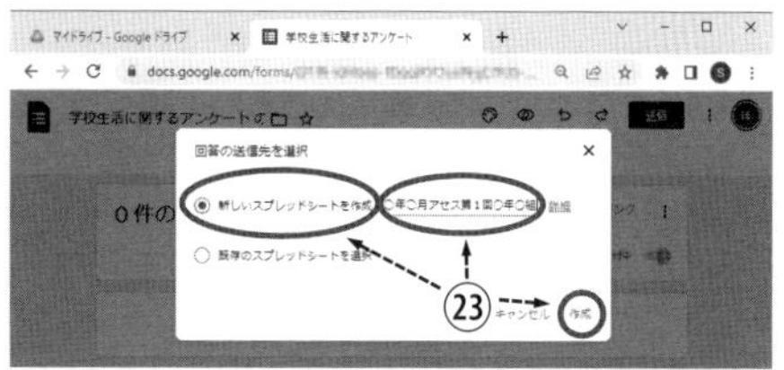

㉔**フォームの設定**　「設定」のタブの「テストにする」「回答」「プレゼンテーション」「デフォルト」はすべてオフにし，右上の「送信」をクリックします。

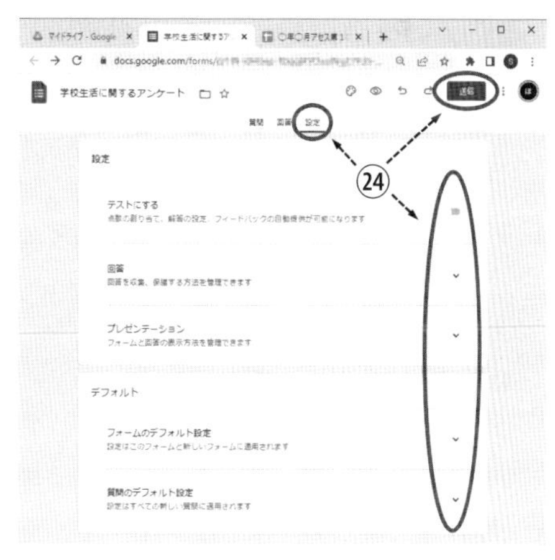

㉕**フォームの送信**　「送信方法」で「リンク」を選びます。「ＵＲＬを短縮」に☑を入れ，「コピー」します。

㉖**Google フォームのリンクの配付**　Google Classroom や Microsoft Teams などの授業支援アプリで子どもたちにリンクを配付してアンケートに回答してもらいます。リンクを QR コードにして電子黒板等に映してリンクにアクセスしてもらう方法もあります。リンクの配付の方法は，状況に応じて行ってください。

（ここで子どもたちにアセスのアンケートに答えてもらいます。）

㉗**子どもたちがアンケートの回答を送信**　子どもたちが回答をして「送信」を押すと，教員の Google フォームの「回答」のタブの上に回答人数が表示されます。また，【出席番号】の欄を見れば，何番の子どもが回答を済ませているか，出席番号を誤って入力し重複している等がわかります。

㉘**回答をスプレッドシートで表示**　子どもたちの回答が終了したら,「回答」のタブ内の「スプレッドシートで表示」をクリックします。

㉙**アセスのExcelに貼り付けるための準備**　スプレッドシートのE列【出席番号】の▼をクリックし,「昇順でシートを並び替え」を実行します。アセスのExcelに貼り付けるため,A列「タイムスタンプ」を除き,B列～AN列,2行目～回答があった行の範囲をコピーします。

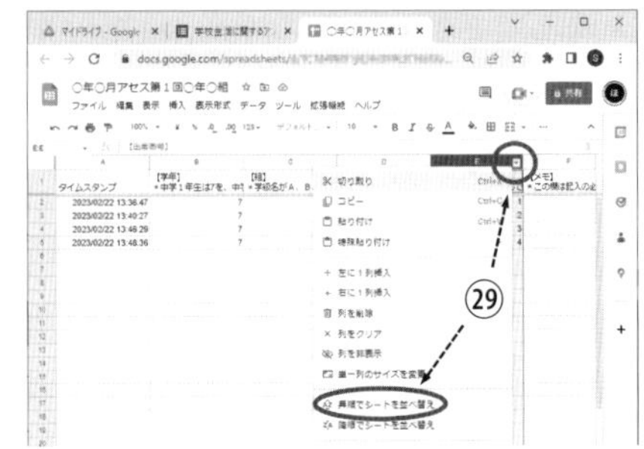

なお,欠席者がいた場合は,スプレッドシート上で該当個所に行を挿入し,学年・学級・(性別)・番号を打ち込み,アンケート回答欄は空欄のままにするか「X」を入れてからコピーします。

㉚**アセスのExcelへの回答の貼り付け**　アセスのExcelを開き,1回目の実施の場合は「クラスデータ一覧(1)」のタブのA列2行のセルを選択し,ペーストします。

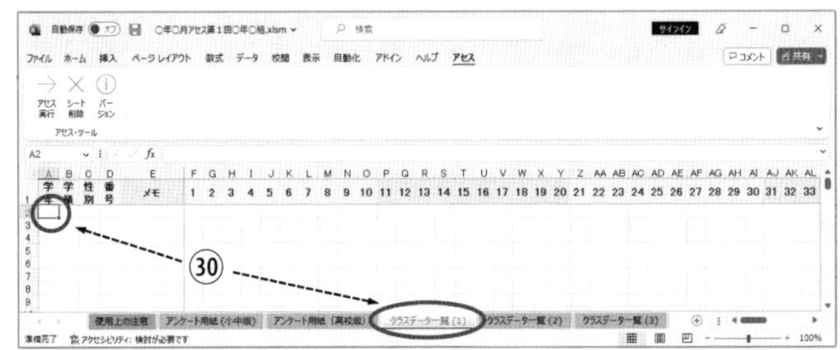

アセスで「アセス実行」をクリックします。以下の手順は,本書の2章4などを参照。

㉛**2回目以降の留意点**　2回目以降のアンケートで,スプレッドシートからアセスのExcelにコピペする場合の留意点は,以下のとおりです。

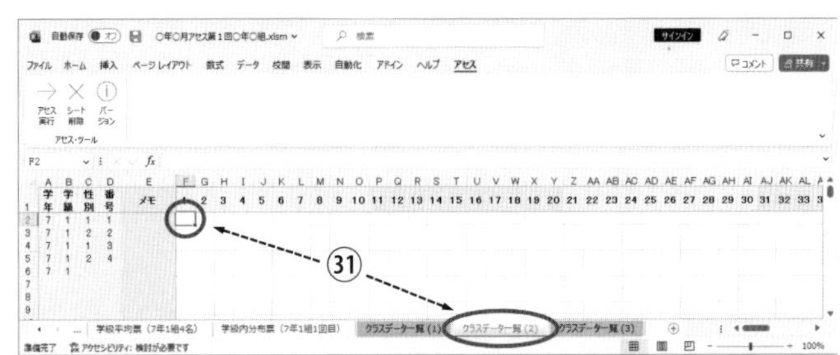

アセスでは「クラスデータ一覧(1)」のシートに学年・学級・性別・番号を入力すると,2回目以降の「クラスデータ一覧」シートにも同じ値が入るようになっています。2回目以降のアンケートを実施しましたら,㉙と同様に,まずスプレッドシートのE列【出席番号】の▼をクリックし,「昇順でシートを並び替え」を実行します。A列「タイムスタンプ」～F列「【メモ】」を除き,G列～AN列,2行目～回答があった行の範囲をコピーし,アセスのExcelの「クラスデータ一覧(2)」などに貼り付けます。

なお,2回目以降で欠席者がいた場合は,スプレッドシート上で該当個所に行を挿入し,学年・学級・(性別)・番号を打ち込み,アンケート回答欄は空欄のままにするか「X」を入れてからアセスのExcelにコピペしてください。1回目と行がズレないよう注意します。

㉜転入生などがあった場合は,本書の「アセス　困ったときのQ＆A」を参照してください。

アセス 困ったときのＱ＆Ａ

ここでは読者から問い合わせで最も多かった「５つの困ったこと」にお答えします。その他のトラブルにつきましては，ほんの森出版のホームページの「アセスよくある質問」をご覧いただいたり，本書「２章　アセスの実施の仕方」をご覧いただけると解決の手がかりがあると思います。

Ｑ１　数値を入力し，「アセス実行」をクリックし処理を開始したところ，パソコンの画面が乱れたまま固まり，「応答なし」の表示が出てフリーズ（ハングアップ。異常停止の状態）したような状態になってしまいました。

Ａ１　パソコンの処理能力によって，上記のような状態はしばしば起こります。フリーズ（ハングアップ。異常停止の状態）はしておらず，バックグランドで正常な処理が進んでいる場合がほとんどです。

この状態のときにキーボードを操作したり，マウスをクリックしたりすると，フリーズ（ハングアップ。異常停止の状態）の原因となります。次の処理の確認画面（例えば「個人特性票の処理を開始しますか？」や「全ての処理を終了しました。」）が出るまで，キーボードやマウスには触れないようにします。

もし，実際にフリーズ（ハングアップ，異常停止の状態）してしまったら，アセスのタブから「シート削除」をし，もう一度「アセス実行」をしてください。「シート削除」をしても，入力した児童生徒の数値は削除されませんので，安心して「シート削除」をして，やり直してください。

Ｑ２　「学級内分布票」のグラフが消えてしまいました。

Ａ２　アセスの下部のタブ（例えば「学級内分布票９年１組１回目」などと表示され

た部分）が赤くなっていませんか？　もし赤くなっているようでしたら，何らかの要因で上書きして処理された可能性があります。

このように赤くなったタブがある場合は，Ｑ１と同様にアセスのタブから「シート削除」をし，もう一度「アセス実行」をしてください。

Ｑ３　アセスを１回目実施後，転入生がありました。２回目以降，転入生も含めてアセスを実施したいのですが，うまく行を挿入することができません。どのようにしたらいいでしょうか。

Ａ３　面倒ですが，アセスではない通常の Excel の新規シートにデータをコピーして，転入生を挿入してから，もう一度，アセスの「クラスデーター覧（１）」に貼り付けてください。

アセスでは「クラスデーター覧（１）」のシートに学年・学級・性別・番号を入力すると，２回目以降の「クラスデーター覧」シートにも同じ値が入るようになっています。１回目と２回目以降の関係が崩れないように，どのシートも色のついたセルは保護してあります。このためコピー・ペーストはできても，行の挿入・削除はできないようになっています。

【数値入力で発生するトラブル】

本書20ページにあるように，複数のクラスの分析をする場合，クラスとクラスの間を区別するため，「番号」の欄に半角英字の「E」を入れます。

この「E」はクラスとクラスの間の区別のためですので，最後のクラスの後ろに「E」は付けないようにします。また，１クラスしか分析しない場合も，最後に「E」を付けるとトラブルの原因になります。

【パソコン自体の不調で発生するトラブル】

お問い合わせの中には，パソコン自体が軽微に不調の状態のためにアセスにトラブルが起こっているケースもありました。

パソコンを再起動した後に「シート削除」をして「アセス実行」をしてもらうと無事に処理ができるケースが多いです。また，パソコンを再起動後，新たにダウンロードしたアセスを適当なフォルダにコピーし，そこに児童生徒の数値をコピー&ペーストし，「アセス実行」をしてもらうと無事に処理できるケースも数多くありました。

＜執筆者紹介＞（2023年２月現在）

栗原慎二（くりはら　しんじ）　編著者　執筆担当：はじめに，１章，３章，４章，５章

埼玉大学大学院文化科学研究科修士課程修了，兵庫教育大学大学院学校教育学研究科修了，博士（学校教育学）。埼玉県立高校教諭を経て，現在，広島大学大学院人間社会科学研究科教授。公益社団法人学校教育開発研究所（AISES）代表理事。

【主な著作】『教育相談コーディネーター』ほんの森出版（単著），『PBIS実践マニュアル＆実践集』ほんの森出版（編著），『マルチレベルアプローチ だれもが行きたくなる学校づくり』ほんの森出版（編著），『いじめ防止６時間プログラム』ほんの森出版（編著），『ブリーフセラピーを生かした学校カウンセリングの実際』ほんの森出版（単著），『新しい学校教育相談の在り方と進め方』ほんの森出版（単著），他多数

井上　弥（いのうえ　わたる）　編著者　アセスのプログラム制作　執筆担当：２章

広島大学教育学部卒業，広島大学大学院教育学研究科修了，博士（心理学）。広島大学学校教育学部附属教育実践センター講師，広島大学大学院教育学研究科学習開発学講座教授を経て，現在，広島大学名誉教授。

【主な著作】『児童・生徒のための学校環境適応ガイドブック』協同出版（編著），『教師のための教育実践心理学』ナカニシヤ出版（分担執筆），『進路適性検査CATCH（Career aptitude test for choice）』第一学習社（検査開発とマニュアル分担執筆），他多数

米沢　崇（よねざわ　たかし）　執筆担当：付章

兵庫教育大学学校教育学部卒業，広島大学大学院教育学研究科博士課程後期修了，博士（教育学）。奈良教育大学教育学部准教授を経て，現在，広島大学大学院人間社会科学研究科准教授。

【主な著作】『児童・生徒のための学校環境適応ガイドブック』協同出版（分担執筆）

山田洋平（やまだ　ようへい）　執筆担当：付章

広島大学大学院教育学研究科博士課程後期修了，博士（心理学）。島根県立大学人間文化学部保育教育学科准教授などを経て，現在，福岡教育大学教育学研究科教職実践専攻（教職大学院）准教授。

【主な著作】『社会性と情動の学習（SEL-8S）の進め方　小学校編』，同『中学校編』ミネルヴァ書房（共著），『よくわかる生徒指導・キャリア教育』ミネルヴァ書房（分担執筆），『中学生のためのSELコミュニケーションワーク』明治図書出版（単著）

アセスのダウンロードと使用条件について

＊アセスに対する正確な理解が、結果の読み取りを正確にし、ひいては子どもたちへの有効なかかわりにつながります。アセスの実施者は本書『ダウンロード版　アセスの使い方・活かし方』を手元に置いて、適宜参照する形でご使用ください。

＊アセスのプログラムは、『ダウンロード版　アセスの使い方・活かし方』の購入者のみダウンロードを許可するものです。購入者以外のダウンロードは厳禁とします。

＊１冊の『ダウンロード版　アセスの使い方・活かし方』で使用できるのは原則１クラスですが、購入者が同学年の他のクラスの分を実施することが可能です。なお、アセスの適正な活用のためにも、１冊のアセスで学年を超えての利用は避けてください。

＊次年度以降に引き続きご使用いただく場合は、新たにご購入する必要はありません。

＊アセスの開発者の１人である栗原慎二が代表理事を務める公益社団法人学校教育開発研究所（AISES）では、アセスのより詳しい診断サービスや、アセスの実施・解釈・対応方法などについてのコンサルテーションも実施しています。いずれも有料になりますが、こちらのご利用もおすすめします。なお、学校単位による実施をご検討の場合は、ご相談に応じますので下記までご連絡ください。

〈問い合わせ先〉

公益社団法人学校教育開発研究所（代表理事：栗原慎二）
〒730-0016　広島県広島市中区幟町3-1 第3山県ビル601
TEL　082-211-1030　　FAX　082-555-8655
Email　hirosima.honbu@gmail.com

ほんの森出版 検索

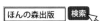

アセス　ダウンロード用パスワード　Rp8jaHwd
上記の使用条件に同意の上、ほんの森出版のホームページの本書の紹介ページからダウンロードしてご使用ください。

＊本書に付属するアセスのプログラムは，Windows11 の Office365, Excel2021, Windows10 の Office365, Excel2016～2021, Windows8 の Excel2013, Windows7 の Excel2010, Windows Vista の Excel2007, Windows XP の Excel2003 で動作を確認。Mac版のExcelでは動作しませんのでご注意ください。

ダウンロード版
アセス（学級全体と児童生徒個人のアセスメントソフト）の使い方・活かし方
自分のパソコンで結果がすぐわかる

2010年７月７日　第１版第１刷　発行
2011年12月１日　改訂第２版第１刷（Excel 2010 対応版）　発行
2013年５月15日　改訂第３版第１刷（Excel 2013 対応版）　発行
2016年12月20日　改訂第４版第１刷（Excel 2016 対応版）　発行
2019年10月10日　改訂第５版第１刷（Office 365・Excel 2019 対応版）　発行
2023年４月１日　改訂第６版第１刷（ダウンロード版）　発行

編著者　栗原慎二・井上 弥
発行者　小林敏史
発行所　ほんの森出版株式会社
〒145-0062　東京都大田区北千束 3-16-11
Tel 03-5754-3346　Fax 03-5918-8146
https://www.honnomori.co.jp

印刷・製本所　研友社印刷株式会社

ISBN978-4-86614-132-9 C3037